中国冬奥雪上项目
竞技实力提升
与大众滑雪运动
协同发展机制研究

曹连众 ◎ 著

辽宁人民出版社

图书在版编目（CIP）数据

中国冬奥雪上项目竞技实力提升与大众滑雪运动协同发展机制研究 / 曹连众著．—沈阳：辽宁人民出版社，2023.3
ISBN 978-7-205-10626-3

Ⅰ．①中… Ⅱ．①曹… Ⅲ．①冬季奥运会－雪上运动－协同发展－研究－中国 Ⅳ．①G863.1

中国版本图书馆CIP数据核字(2022)第215704号

出版发行：辽宁人民出版社
　　　　　地址：沈阳市和平区十一纬路25号　邮编：110003
　　　　　电话：024-23284321（邮　购）　024-23284324（发行部）
　　　　　传真：024-23284191（发行部）　024-23284304（办公室）
　　　　　http://www.lnpph.com.cn
印　　刷：沈阳绿洲印刷有限公司
幅面尺寸：170mm×240mm
印　　张：11
字　　数：175千字
出版时间：2023 年 3 月第 1 版
印刷时间：2023 年 3 月第 1 次印刷
责任编辑：张天恒　王晓筱
装帧设计：山月设计
责任校对：吴艳杰
书　　号：ISBN 978-7-205-10626-3
定　　价：48.00 元

前 言

2022 年北京冬奥会申办成功以来，国家对冰雪体育事业发展给予高度关注，从过程到结果，既对冬奥项目和大众冰雪运动发展提出了新要求，也极大地促进了冬季项目在中国的普及和发展。本研究着眼于服务体育强国梦国家战略，立足于我国发展薄弱且发展意义极其重大的雪上运动，抓住影响发展水平提高的关键因素，在识别冬奥雪上项目竞技实力提升与大众滑雪运动协同发展机会的基础上，构建两者协同发展机制，并进行讨论分析，提出协同发展策略，既是全面提升我国冬奥雪上项目竞技实力和大众滑雪总体发展水平的客观要求，也是实现体育强国梦国家战略的必然选择。

本研究是国家社科基金项目《中国冬奥雪上项目竞技实力提升与大众滑雪协同发展机制研究》（课题编号：16BTY049）的结项成果，研究过程中综合运用德尔菲法、问卷调查法、访谈法、数理统计等研究方法，以我国冬奥雪上项目与大众滑雪运动协同发展机制为研究对象，在分析冬奥雪上项目与大众滑雪运动协同机会内容要素的基础上，构建了我国冬奥雪上项目与大众滑雪运动协同发展机制模型，阐述了该机制的主要内容和诸要素的相互作用关系，并提出了该机制实现的管理策略；构建了我国冬奥雪上项目与大众滑雪运动协同效应评价指标体系，并以辽宁省为案例对其冬奥雪上项目与大众滑雪运动协同效应进行综合评价分析。

一、本研究的主要内容

（一）构建了冬奥雪上项目与大众滑雪运动协同机会内容结构模型

运用德尔菲法研究得出了我国冬奥雪上项目与大众滑雪运动协同机会17 项内容要素：政策协同、保障机制协同、组织机构协同、项目规则协同、健身功能协同、娱乐功能协同、教育功能协同、经济功能协同、人力资源协同、场地设施协同、运动技能协同、赛事经验协同、经费配置协同、市场推广协同、体育道德协同、体育意识协同、体育理想协同；运用探索性因素分析、验证性因素分析构建了我国冬奥雪上项目与大众滑雪运动协同机会内容要素结构模型。

（二）阐析了冬奥雪上项目与大众滑雪运动协同发展机制与实现策略

以我国冬奥雪上项目与大众滑雪运动协同发展系统分析为切入点，讨论了我国冬奥雪上项目与大众滑雪运动协同发展机理、作用机理、运行机理，以协同机会四个维度内容要素为核心，详细阐述了我国冬奥雪上项目与大众滑雪运动协同发展机制的内容；从强化组织管理协同、完善体育功能协同、优化资源配置协同、促进体育精神协同等维度提出了机制实现的管理策略。

（三）建立了冬奥雪上项目与大众滑雪运动协同效应评价指标体系

以我国冬奥雪上项目与大众滑雪运动协同机会内容要素结构模型为支撑，运用层次分析法建立了包含组织管理协同、体育功能协同、资源配置协同和体育精神协同等四个维度的我国冬奥雪上项目与大众滑雪运动协同效应评价指标体系；运用模糊综合评价法，对辽宁省冬奥雪上项目与大众滑雪运动协同效应进行了评价，并结合辽宁冬奥雪上项目与大众滑雪运动发展实际情况进行了深入分析。

二、本研究的重要观点

（一）强化组织管理协同，促进雪上运动均衡发展

强化政府层面的组织管理协同，在政策制定、经费保障、机构设置、项目规则等方面统筹考虑，既要保障承担奥运争光任务的雪上项目发展所需，也要充分考虑实现"三亿人参与冰雪运动"发展目标的客观需求，通过单独设置综合协调机构、均衡政策引领、健全保障机制等多种举措，保证冬奥雪上项目与大众滑雪运动协同效应的充分体现，从而实现两者均衡发展、协同发展的共同目标。

（二）完善体育功能协同，全面服务体育强国战略

要进一步夯实冬奥雪上项目和大众滑雪运动的多维体育功能，以助力国民体质健康、培养青少年意志品质与道德修养、促进体育产业转型升级为载体，全面服务体育强国国家战略。要全面有效整合相关资源，统筹设计冬奥雪上项目赛事和大众滑雪产业协同发展实施方案，主动拉长冰雪产业链，建设以冰雪为核心的休闲综合体，让"冰雪＋产业"成为促进我国体育产业转型升级的重要引擎。

（三）优化资源配置协同，推动滑雪运动高质量发展

资源配置是实现我国滑雪运动高质量发展的关键要素。要基于组织管理协同基础上，建立健全冬奥雪上项目与大众滑雪运动相贯通的资源配置协同和保障机制，在人力资源、场地设施、运动技能、赛事经验、经费配置、市场推广等方面，在识别协同机会基础上，采取切实有效举措，为推动滑雪运动高质量发展提供充分的资源保障。

（四）促进体育精神协同，弘扬中国优秀体育文化

建立具有滑雪运动特点的体育基本道德规范，帮助滑雪运动参与者树立正确的体育观。探索建立我国雪上优势项目发展文化精神谱系，树立优秀运动员典型，宣传冬奥雪上项目为国争光、振奋民族精神、增强民族自豪感的体育理想，促进广大滑雪运动参与者的广泛认同。大力弘扬以中华体育精神和奥林匹克精神为核心的中国优秀体育文化，为促进冬奥雪上项目与大众滑雪运动协同发展提供不竭精神动力。

三、本研究的主要价值

（一）学术价值

一是为群众体育与竞技体育全面协调发展研究提供新视角，尽管协同论在体育领域中应用较广，成果也颇丰，但基于协同理论来研究群众体育与竞技体育的全面发展问题，相关成果还未发现，视角新是本书的学术价值之一。二是在一定程度上丰富体育管理学的理论体系，以协同理论为基础，系统研

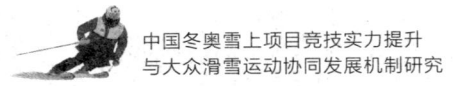
究群众体育与竞技体育协同发展的基本理论问题，不仅可以拓展协同理论的
应用领域，也将在一定程度上丰富体育管理学的理论体系。

（二）应用价值

一是对全面提升我国冬奥雪上项目竞技实力和大众滑雪发展水平具有一
定的指导意义，本书立足我国发展薄弱，但发展意义极其重大的雪上项目，
所形成的系列成果将对全面提升我国冬奥雪上项目竞技实力和大众滑雪发展
水平具有一定的指导意义。二是对实现体育强国国家战略具有重要的现实意
义，在分析我国冬奥雪上项目竞技实力和大众滑雪协同发展机会基础上，提
出管理策略和若干咨询建议，对于促进我国群众体育与竞技体育的全面协调
发展，具有重要的现实意义。

本书编写以来，始终坚持成果服务国家冬奥雪上项目发展，服务辽宁地
方经济社会发展，阶段成果中有 2 篇资政建言被辽宁省人大相关领导批示，
4 篇论文被 CSSCI 检索，获得辽宁省哲学社会科学成果奖 1 项、辽宁省教学
成果一等奖 2 项，8 篇论文分别入选第十一届全国体育科学大会、第四届全
民健身科学大会，并作专题汇报，为促进我国滑雪运动水平提升和地方经济
社会发展做出积极贡献。

目 录

第二章 冬奥雪上项目与大众滑雪运动协同机会内容结构模型的构建

第三章 冬奥雪上项目与大众滑雪协同发展机制分析

第四章　冬奥雪上项目与大众滑雪运动协同效应评价

第一章

绪　论

    2022 年北京冬奥会申办成功以来，国家对冰雪体育事业发展给予高度关注，从过程到结果，既对冬奥项目和大众冰雪运动发展提出新的要求，也会极大地促进冬季项目在中国的普及和发展，特别是实力薄弱的冬奥雪上项目和发展水平不高的大众滑雪运动将迎来难得机遇，从而进入全面发展的快车道。

    本书着眼于服务体育强国梦国家战略，立足于我国发展薄弱但发展意义极其重大的冬奥雪上运动，抓住影响发展水平提高的关键因素，在识别我国冬奥雪上项目竞技实力提升与大众滑雪运动蓬勃发展的基础上，构建两者协同发展机制，并进行讨论分析，提出协同发展策略，既是全面提升我国冬奥雪上项目竞技实力和大众滑雪总体发展水平的客观要求，也是实现体育强国梦国家战略的必然选择。

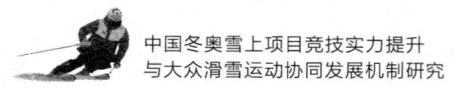
第一节　研究成果综述

一、研究成果的主要内容与重要观点

本书综合运用德尔菲法、问卷调查法、访谈法、数理统计等研究方法，以我国冬奥雪上项目与大众滑雪运动协同发展机制为研究对象，在分析冬奥雪上项目与大众滑雪运动协同机会内容要素的基础上，构建了我国冬奥雪上项目与大众滑雪运动协同发展机制模型，阐述了该机制的主要内容和诸要素间的相互作用关系，并提出了该机制实现的管理策略；构建了我国冬奥雪上项目与大众滑雪运动协同效应评价指标体系，并以辽宁省为案例进行冬奥雪上项目与大众滑雪运动协同效应综合评价分析。

（一）研究成果的主要内容

1. 构建了我国冬奥雪上项目与大众滑雪运动协同机会内容要素结构模型

运用德尔菲法研究得出了我国冬奥雪上项目与大众滑雪运动协同机会17项内容要素：政策协同、保障机制协同、组织机构协同、项目规则协同、健身功能协同、娱乐功能协同、教育功能协同、经济功能协同、人力资源协同、场地设施协同、运动技能协同、赛事经验协同、经费配置协同、市场推广协同、体育道德协同、体育意识协同、体育理想协同；运用探索性因素分析、验证性因素分析构建了我国冬奥雪上项目与大众滑雪运动协同机会内容要素结构模型。

2. 阐析了我国冬奥雪上项目与大众滑雪运动协同发展机制

以我国冬奥雪上项目与大众滑雪运动协同发展系统分析为切入点，讨论了我国冬奥雪上项目与大众滑雪运动协同发展机理、作用机理、运行机理，以协同机会四个维度内容要素为核心，详细阐述了我国冬奥雪上项目与大众滑雪运动协同发展机制的内容；从强化组织管理协同、完善体育功能协同、优化资源配置协同、促进体育精神协同等维度提出了机制实现的管理策略。

3. 建立了我国冬奥雪上项目与大众滑雪运动协同效应评价指标体系

以我国冬奥雪上项目与大众滑雪运动协同机会内容要素结构模型为支撑，运用层次分析法建立了包含组织管理协同、体育功能协同、资源配置协同和体育精神协同等四个维度的我国冬奥雪上项目与大众滑雪运动协同效应评价指标体系；运用模糊综合评价法，对辽宁省冬奥雪上项目与大众滑雪运动协同效应进行了评价，并结合辽宁冬奥雪上项目与大众滑雪运动发展实际情况进行了深入分析。

（二）研究成果重要观点

1. 强化组织管理协同，促进雪上运动均衡发展

强化政府层面的组织管理协同，在政策制定、经费保障、机构设置、项目规则等方面统筹考虑，既要保障承担奥运争光任务的雪上项目发展所需，也要充分考虑实现"三亿人参与冰雪运动"发展目标的客观需求，通过单独设置综合协调机构、均衡政策引领、健全保障机制等多种举措，保证冬奥雪上项目与大众滑雪运动协同效应的充分体现，从而实现两者均衡发展、协同发展的共同目标。

2. 完善体育功能协同，全面服务体育强国战略

要进一步夯实冬奥雪上项目和大众滑雪运动的多维体育功能，以助力国民体质健康、培养青少年意志品质与道德修养、促进体育产业转型升级为载体，全面服务体育强国国家战略。要全面有效整合相关资源，统筹设计冬奥雪上项目赛事和大众滑雪产业协同发展实施方案，主动拉长冰雪产业链，建设以冰雪为核心的休闲综合体，让"冰雪＋产业"成为促进我国体育产业转型升级的重要引擎。

3. 优化资源配置协同，推动滑雪运动高质量发展

资源配置是实现我国滑雪运动高质量发展的关键要素。要基于组织管理协同基础上，建立健全冬奥雪上项目与大众滑雪运动相贯通的资源配置协同和保障机制，在人力资源、场地设施、运动技能、赛事经验、

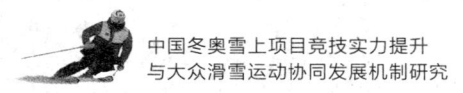
经费配置、市场推广等方面，在识别协同机会基础上，采取切实有效举措，为推动滑雪运动高质量发展提供充分的资源保障。

4. 促进体育精神协同，弘扬中国优秀体育文化

建立具有滑雪运动特点的体育基本道德规范，帮助滑雪运动参与者树立正确的体育观。探索建立我国雪上优势项目发展文化精神谱系，树立优秀运动员典型，宣传冬奥雪上项目为国争光、振奋民族精神、增强民族自豪感的体育理想，促进广大滑雪运动参与者的广泛认同。大力弘扬以中华体育精神和奥林匹克精神为核心的中国优秀体育文化，为促进冬奥雪上项目与大众滑雪运动协同发展提供不竭精神动力。

二、成果的主要价值与影响

（一）主要价值

1. 学术价值

一是为群众体育与竞技体育全面协调发展研究提供新视角，尽管协同论在体育领域中应用较广，成果也颇丰，但基于协同理论来研究群众体育与竞技体育的全面发展问题，相关成果还未发现，视角新是本书的学术价值之一。二是在一定程度上丰富体育管理学的理论体系，以协同理论为基础，系统研究群众体育与竞技体育协同发展的基本理论问题，不仅可以拓展协同理论的应用领域，也将在一定程度上丰富体育管理学的理论体系。

2. 应用价值

一是对全面提升我国冬奥雪上项目竞技实力和大众滑雪发展水平具有一定的指导意义，本书立足我国发展薄弱，但发展意义极其重大的雪上项目，所形成的系列成果将对全面提升我国冬奥雪上项目竞技实力和大众滑雪发展水平具有一定的指导意义。二是对实现体育强国国家战略具有重要的现实意义，在分析我国冬奥雪上项目竞技实力和大众滑雪协同发展机会基础上，提出管理策略和若干咨询建议，对于促进我国群众体育与竞技体育的全面协调发展，具有重要的现实意义。

（二）社会影响

本书编写以来，始终坚持成果服务国家冬奥雪上项目发展，服务辽宁地方经济社会发展，阶段成果中有 2 篇咨政建言被辽宁省人大孙轶、李文科副主任批示，4 篇论文被 CSSCI 检索，获得辽宁省哲学社会科学成果奖 1 项、辽宁省教学成果一等奖 2 项，8 篇论文分别入选第十一届全国体育科学大会、第四届全民健身科学大会，并作专题汇报，部分成果被国家体育总局冬季运动管理中心和辽宁省体育局采纳，为促进我国滑雪运动水平提升和地方经济社会发展做出积极贡献，特别是本书编写过程中，恰逢北京冬奥会成功举办，本书服务的自由式滑雪空中技巧项目获 2 金 1 银优异成绩，产生了良好社会影响和社会效益。

第二节 研究背景

体育强国梦作为中国梦的题中之义，不仅需要竞技体育辉煌的成就做支撑，更需要以群众体育为引领的全民族身体素质和健康水平的全面提升为保障。党的十八大报告明确提出："要广泛开展全民健身运动，促进群众体育和竞技体育全面发展。"党的十九大也提出："广泛开展全民健身活动，加快推进体育强国建设，筹办好北京冬奥会。"这些都充分诠释了竞技体育与群众体育协调发展的重要意义。2022 年北京冬奥会的成功申办，为我国建设冰雪强国提供了难得的发展机遇，也提出了更高的发展要求。全面提升以冬奥项目为核心的竞技滑雪与大众滑雪运动发展水平，是紧密呼应国家奥运争光计划和"三亿人参与冰雪"国家战略的重要举措，亦是建设冰雪强国的必然选择。

冬奥雪上项目属于竞技体育范畴，其发展水平的高低主要以冬奥项目综合实力的强弱为主要参照标准。新中国成立以来，中国竞技体育迅速崛起，夏季奥运会竞技项目的综合实力已经名列前茅。相比之下，冬奥雪上项目的竞技成绩却不尽如人意。在 2010 年温哥华冬奥会上，中国代表团历史性地闯入世界前八，但我们必须清醒地认识到，距离实现冰雪强国的目标还有很大的差距，特别是雪上项目相距还很远。"雪重冰轻"一直都是冬奥会与世界冰雪运动项目的基本特征，在北京冬奥会15个分项中，雪上项目占10个，在109枚金牌中，雪上项目金牌有76枚，占比接近70%，正所谓"得雪上者得天下"。盘点我国历届冬奥会的成绩，雪上项目"孱弱"一览无遗。我国从1980年首度出征冬奥会到2018年平昌冬奥会，共取得13金、28银、21铜，雪上项目仅贡献1枚金牌、7枚银牌和4枚铜牌，明显呈现出冰强雪弱的发展态势，雪上项目的弱势已成为制约我国冬奥冰雪项目均衡发展的重要瓶颈。

大众滑雪，也称之为休闲滑雪，是一项集运动性、挑战性、趣味性于一体的冬季体育运动项目，属于群众体育范畴。近年来，随着我国人民生活水平的提高，休闲和健康意识不断增强，大众滑雪因其自身独特的魅力正逐渐成为休闲运动项目的"新宠"。统计数据表明，2000年至2020年的20年间，大众滑雪呈井喷式发展，与之相关的体育人口、滑雪场地设施、滑雪产业产值、滑雪指导员等指标的数量倍增。2019年我国滑雪体育人口突破2000万，滑雪场达到750余个，具有执业资格的滑雪指导员突破4000人。即便如此，我国大众滑雪的总体发展水平与北欧等发达国家相比，在诸多方面还存在较大差距，集中体现在：滑雪群众基础依然薄弱，滑雪体育人口与我国人口基数相比数量还较少；滑雪场地数量不多、功能不健全、管理不规范、安全问题频出；滑雪指导员及滑雪场经营管理等专门人才短缺；滑雪产业发展水平相对低下，对相关产业和地方经济拉动作用不十分明显；滑雪文化挖掘与积淀不够，等等，特别是在"三亿人参与冰雪"国家战略背景下，这些问题严重影响着我国大众滑雪运动总体发展水平的提升。

协同论作为系统科学中的重要组成部分，是探讨以不同学科领域内普遍存在的共性特征为目的的研究，因此，协同论不仅成为构建各种系统理论的重要基础，也是其解决复杂性问题的有效手段。自协同论提出起，就被广泛应用于企业管理、社会治理等诸多实践领域，形成了一系列基于广泛实践探索的理论成果，为解决诸多综合性、复杂性问题提供了一个重要的理论依据。冬奥雪上项目作为竞技滑雪的一种类型，与大众滑雪两者内在相互补充、相互促进、共同提高，有着本质联系，决定了两者必然归属于雪上运动这个整体之中，统一于建设体育强国总目标之下。目前我国冬奥雪上项目竞技实力薄弱，大众滑雪运动发展水平不高，如何以协同论及相关系列成果为理论支撑，充分整合竞技滑雪和大众滑雪两方面的有限资源，实现冬奥雪上项目竞技实力提升与大众滑雪运动全面普及双轮驱动，产生 1+1>2 的协同发展效应，全面助力冰雪强国建设，必将成为本书研究的实践动力之源。

第三节 研究意义

研究冬奥雪上项目竞技实力提升与大众滑雪运动协同发展的理论与实践问题，是协同理论与体育战略管理理论交叉融合研究的一种实践探索，不但在一定程度上推动了相关理论的丰富与发展，更重要的是把竞技滑雪和大众滑雪运动归属于建设冰雪强国这个总的大系统之中，以竞技滑雪和大众滑雪运动协同发展的基本理论问题研究为原点，构建两者协同发展机制，具有较强的理论与现实意义。

一、对建设冰雪强国具有较强的实践意义

建设冰雪强国以实现体育强国梦，既需要冰上与雪上冬奥项目的协同发展，更需要竞技冰雪运动竞技实力和大众冰雪运动发展水平的共同提升。本书着眼于服务体育强国梦国家战略，立足于我国发展薄弱且发展意义极其重大的冬奥雪上运动，在全面研读我国竞技滑雪竞技实力提升和大众滑雪运动发展差距的基础上，抓住影响发展水平提高的关键因素，在识别我国竞技滑雪竞技实力提升和大众滑雪运动协同发展机会的

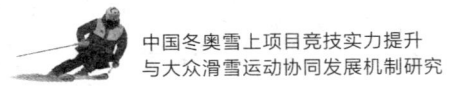
基础上，构建两者协同发展机制，并进行讨论分析，提出协同发展策略，使得本书有较强的针对性，所形成的系列成果对于全面提升我国冬奥雪上项目竞技实力和大众滑雪运动发展水平，呼应2022年北京冬奥会和"三亿人参与冰雪"国家战略，建设冰雪强国以实现体育强国梦，具有较强的现实意义。

二、对丰富相关理论体系具有重要的理论意义

以协同论为支撑研究竞技滑雪与大众滑雪运动协调发展问题，是体育学与管理学学科不断融合、交相辉映的理论需求。协同论为体育发展战略管理研究提供了一个新的研究视角，将协同论的相关理论与方法应用于提升竞技滑雪综合实力和大众滑雪运动发展水平的具体实践和理论研究上，不但能够从实践层面为冰雪强国建设提供新的发展方向，而且通过创新理论与实践，理论化与系统化的研究成果也将推动体育管理理论体系的不断完善和丰富。同时，协同论在体育领域的广泛应用，必将为拓展协同论的应用范围做出积极的探索与实践。

第四节　相关研究现状与述评

通过查阅相关文献资料发现，有关冬奥雪上项目竞技实力提升与大众滑雪运动协同发展的研究成果鲜见，但与之相关领域的成果较多，为本书顺利实施提供了重要的前期资料基础。依据研究主题，文献梳理主要集中在与之相关的三个研究领域：一是协同理论在各领域的应用研究；二是竞技体育与大众体育关系研究；三是竞技滑雪和大众滑雪运动发展的相关研究。为清晰把握我国冬奥雪上项目与大众滑雪运动理论研究的实践背景，本节首先对我国冬奥雪上项目与大众滑雪运动发展历程进行梳理，然后基于上述三方面开展相关文献研究。

一、冬奥雪上项目与大众滑雪运动发展历程

（一）我国冬奥雪上项目的发展历程

梳理冬奥雪上项目运动发展的历史脉络发现，多数学者认为滑雪运动最早应追溯到 4500 年前欧洲北部的高寒地区，如挪威、瑞典等地。2005 年一幅阿尔泰山古阿勒泰人滑雪狩猎的岩画被发现，阿勒泰作为人类滑雪发源地这一观点得到国际的公认。20 世纪 20—30 年代，具有现代滑雪特色的滑雪技术传入我国东北地区。伪满洲国时期，首次举办全国性滑雪比赛。新中国成立后的 1954 年，我国首次开展群众滑雪表演。1957 年，我国吉林省通化市在江南滑雪场举行首届全国滑雪比赛，当时的场地、器材等方面并不完善。在 1959 年吉林省首届冬季运动会后，我国滑雪队伍依次成立。1960 年在吉林省通化市举行了全国性的滑雪竞赛，参赛人数较之前人数有明显增多，据统计共有 12 个单位 400 名运动员，参加了 24 项滑雪竞赛的项目。从 1979 年开始，我国开始在各级体育行政部门正式设立冰雪处，完善了我国滑雪运动的管理机制。1986 年，我国参加了在日本举办的亚洲冬季运动会，在这次冬季运动会上，取得了 1 金 2 银 6 铜的好成绩。同年 9 月，召开了雪上项目训练工作会议，确定滑雪竞技项目发展"两步走"的战略。

1980 年我国参加了第十三届冬奥会，共派出 28 名运动员，参加的项目有高山、越野、冬季两项以及花样滑冰等项目的比赛。在比赛过程中，我国运动员的竞技水平与国外运动员相比存在很大的差距，但是在比赛过程中我们总结经验，使运动员也增长了见识，从此，我国冬奥雪上项目运动开始参加国际交流活动，这次比赛为我国冬奥雪上运动发展提供了机遇与发展平台，我国冬奥雪上运动实现了第二次飞跃[①]。从 1980 年到 2022 年，我国共参加 12 届冬奥会，冬奥雪上项目竞技水平持续提升。1998 年长野冬奥会上徐囡囡获得我国冬奥会雪上项目第一枚奖牌，2006 年都灵冬奥会上韩晓鹏夺得金牌，实现了我国冬奥雪上项目金牌"零

---

① 石凯妤. 我国大众滑雪运动推广的研究 [D]. 北京体育大学, 2016.

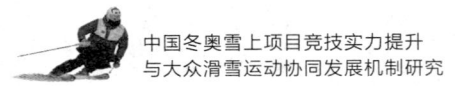

的突破，我国在 2022 年北京冬奥会上所获得 9 金 4 银 2 铜 15 枚奖牌中，雪上项目共获得 5 金 3 银 1 铜 9 枚奖牌，打破了"冰强雪弱"竞技实力格局，实现了我国冬奥雪上项目与冰上项目均衡发展。

（二）我国大众滑雪运动的发展历程

滑雪运动具有快速、壮观、惊险、多变等特点，滑雪参与者远离城市的喧嚣和污染，投身在"银装素裹"之中，置身于雪山峻岭间，林海雪原中，与大自然紧密结合，与山、与林、与雪融为一体，尽赏变幻莫测的冬景奇观，伴雪共舞，在大自然中陶冶情操，充分体验滑雪过程中的惊险与刺激，饱享冬季大自然所赋予的无限欢乐。我国大众滑雪运动开始于 20 世纪 90 年代。1995 年，全国滑雪旅游研讨会提出冬季旅游与滑雪运动相结合，发展和推广大众滑雪运动。次年在亚布力举办了第三届亚冬会，标志我国以竞技赛事助力大众滑雪运动的全面开发与推广。1999 年，哈尔滨举办第一届冰雪大世界，国家旅游局和中央电视台在冰雪大世界期间举行千年庆典活动，为宣传冰雪文化起到了推广作用。随后我国先后承办了多次国际性滑雪赛事，更好地推动了大众滑雪运动的普及开展[①]。

近年来，随着国民经济的飞速发展，人民的收入水平也在逐步提高，广大人民群众开始由追求物质生活向注重精神生活转变。《国务院关于加快发展体育产业促进体育消费的若干意见》中将全民健身上升为国家战略，将体育产业作为朝阳产业和绿色产业。同时《全民健身计划（2016—2020 年）》指出，实施全民健身计划是国家的重要发展战略。这些政策的出台为大众滑雪运动发展提供了有利条件。2000 年到 2005 年，我国的雪场数量从 10 余家发展到 200 多家，参与滑雪人数从 1 万人增加到 10 万人[②]，大众滑雪运动一直处于良好的发展态势。2015 年，北京冬奥会申办成功，国家提出"三亿人参与冰雪运动"发展目标，在此背景下，大众滑雪运动获得井喷式发展，滑雪人数、滑雪场也随着增多，不仅有条件适宜的高山滑雪场，还有南方盛行的室内滑雪场。截至 2021 年初，

....
①② 石凯妤 . 我国大众滑雪运动推广的研究 [D]. 北京体育大学 ,2016.

我国室内外滑雪场总数达到 803 家，相比 2015 年增长 41%，覆盖 29 个省（区、市）。2015 年雪季（前一年 5 月 1 日至当年 4 月 30 日）中国滑雪人数为 1195 万人次，2016 年雪季 1445 万人次，2017 年雪季为 1690 万人次，2018 年雪季为 1915 万人次，2019 年雪季为 2060 万人次，2020 年雪季因受疫情影响为 1045 万人次，2021 年雪季为 2076 万人次，同比增长 98.7%，从 2015 年雪季到 2021 年雪季滑雪人次年均复合增长率达 9.6%，具体变化情况如图 1-1 所示。从 2015 年至 2021 年的 6 年间，我国大众滑雪运动实现了参与人群和场地实施的跨越式发展。

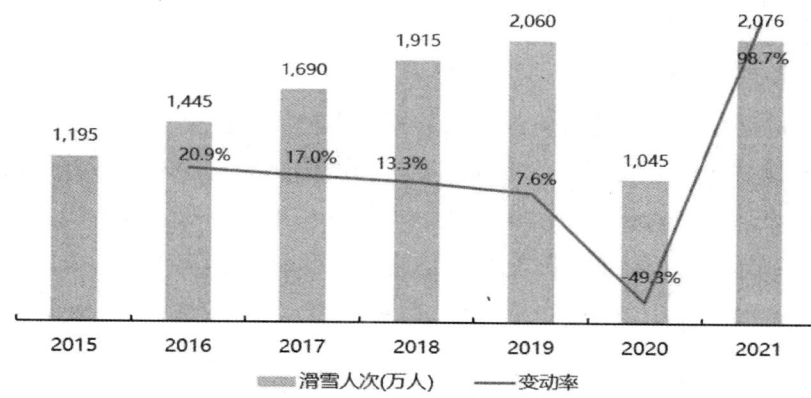

注：表中年份按雪季财年（前一年 5.1 至当年 4.30）
数据来源：2020 中国滑雪产业白皮书

图 1-1　2015-2021 年中国滑雪人次及变动情况

二、协同理论在各领域应用的研究现状

协同理论是 20 世纪 70 年代由德国著名物理学教授赫尔曼·哈肯（Hermann.Haken）提出。其核心思想在于由一个大量子系统所组成的系统，在一定条件下，从无序向有序转变的过程。由于此开放系统内部发生复杂的协同作用以产生协同效应，它强调系统内各要素之间的相互关系与相互影响，以及系统结构或要素改变时各要素之间协作耦合的机制[1]。协同理论的要点可以概括为三个方面，协同效应原理、支配原理和自组织

---

[1] [德] 赫尔曼·哈肯 . 高等协同学 [M]. 郭治安 , 译 . 北京 : 科学出版社 ,1989.

原理①。在这里讲到协同效应原理可以表述为大量子系统内部各要素之间通过产生协同效应共同构成了系统的有序性。其中，系统有序结构的内部作用力来自协同作用；支配原理认为系统可以自发形成空间、时间或时空结构；自组织原理指出当外部信息进入后，各子系统之间会相互产生协同作用，直到系统整体趋于稳定，系统内部形成新的有序结构。由此揭示了各种系统和现象从无序到有序、从低序向高序的机理、条件和规律。协同论自产生以来，在很多领域得以拓展应用，典型代表性的领域主要集中在企业管理和社会治理两个方面。

（一）协同理论在企业管理领域的应用研究

协同论作为系统科学中不可或缺的一部分，是探讨以不同学科领域内普遍存在的共性特征为目的的研究，因此，协同论不仅成为构建各种系统理论的重要基础，也是其解决复杂性问题的有效手段。自从理论创立以来，学者们就开始探索在管理科学领域中融入协同理论知识，并将二者相互关联进行科学、系统的研究，用于解决管理学、经济学乃至社会科学中出现的复杂性难题。随着相关研究的日益增多，协同论逐渐发展形成了应用于管理科学领域系列研究成果。20世纪60年代美国战略管理学家伊戈尔·安索夫(H.Igor Ansoff)首次在企业管理领域中融入协同理论，为解决管理科学领域、经济学领域甚至整个社会科学领域中的复杂性问题提供了宝贵的理论基础与实践经验②。

白列湖③（2007）分析了将协同理论引入管理研究的可能性和必要性，研究认为协同论所具有的普适性特征以及管理系统所呈现的复杂性开放系统是前提条件；另外，各子系统之间产生的协同作用将直接影响系统整体协同功能的发挥，这反映出若想通过协同理论提升竞争优势，在持续吸收各方协同力量的同时，还要不断优化各子系统之间的协同关系。协同效应作为管理协同的核心内容，其本质是系统内各要素之间以

---

① 蒋俊东. 协同论对现代管理的启示 [J]. 科技管理研究,2004(01):151-152.

② [美] 伊戈尔·安索夫. 公司战略 [M]. 北京：机械工业出版社,2013:1965.

③ 白列湖. 协同论与管理协同理论 [J]. 甘肃社会科学,2007(05):228-230.

某种方式进行相互渗透、相互协调的过程，从而推动系统整体功能发生倍增或放大，即实现强有力的协同效应[①]。把握协同管理理论必须要从几个方面加以认识，包括协同的类型、原理、条件和机制等方面的理论知识。就协同类型而言，要素的协同成为前提基础，既要考虑同质要素的协同产生的规模效应，也要考虑异质要素产生的整合效应；从协同时间上可以基于时间顺序构建管理活动重要程度，先充分发挥协同要素的时间衔接和能量积累作用。

马振耀[②]（2018）在企业行为组织绩效系统演化过程中融入协同理论，并进行模型建构与数值仿真，论证出企业行为组织绩效系统存在自组织性与协同效应。结果显示，企业行为组织绩效系统在从无序到有序的转变过程中，通常会出现一个临界值。当达到临界值时，系统常常处于平衡状态，在超过临界值后，系统会呈现出不稳定状态，但随后通过子系统间的协同作用又会使状态趋于稳定，在演化过程中，系统的协同效应表现为系统的自组织演化能力。

（二）协同理论在社会治理领域应用的研究现状

协同理论源于自然科学，但是在社会科学中依然彰显着极强的解释能力。李汉卿[③]（2014）研究了协同理论的治理能力，运用协同论的知识基础和方法论来认识和分析社会治理，认为协同治理可以包含多元化的治理主体、自组织组织间的协同、具有协同性的各子系统、共同规则的制定几个方面。此外，还要充分认识协同治理的核心特征，即竞争与协作，强调各个组织的竞争，更强调各个组织行为体之间的协作，以实现整体大于部分之和的效果。研究还认为当前我国经济社会快速发展，带来了一系列社会问题。如若能够善用协同治理理论，将有助于改善社会复杂问题的治理效果，从而促进社会协同发展。

[①] 潘开灵,白列湖,程奇.管理协同倍增效应的系统思考 [J].系统科学报,2007(01):70-73.

[②] 马振耀.协同论视角下行为组织绩效系统演化机制与模拟仿真 [J].统计与决策,2018,34(19):178-181.

[③] 李汉卿.协同治理理论探析 [J].理论月刊,2014(01):138-142.

协同思想强调不同社会主体间的相互配合与协作,马文静[①](2014)基于这一特性根据协同理论分析我国社区管理模式中存在的问题,提出构建我国新型社区,实行政府、市场、社会的多元化主体管理的新思路。也就是为社区管理和服务主体之间的合作提供一个协调性空间使各个主体为了他们共同的目标相互理解、交流和配合,达成所有管理主体的协同效应。

张贵、薛伊冰[②](2018)借用协同论对京津冀区域公共服务展开研究,认为京津冀区域公共服务体系可归为一个内部存在多个层级的系统,应该由三个层次构成,分别为系统层、子系统层和序参量层。序参量层具体包括:基本公共教育、基本劳动就业、基本社会保险、基本医疗卫生、基本社会服务、基本住房保障和基本公共文化等七个维度。

(三)协同理论在体育领域应用的研究现状

王永盛[③](1997)以协同理论分析了奥林匹克运动的现状,认为奥运发展中面临的种种问题,其实是社会的无序发展,只有通过社会大系统和内部小系统不断演进转换,发挥协同作用,才能变无序为有序,从而实现奥林匹克运动的健康良性发展。邵桂华等[④](2004)认为协同论中系统自组织持续演变的动力源自系统内部各要素之间非线性相互作用而产生某种协同与竞争。具有永恒性的系统运动将会导致系统内各层次、各子要素发展不均衡,从而造成各子系统之间的相互竞争。研究基于对学生体育素质系统的特性分析,提出了这一系统包括体育基本素质、发展素质和创新素质三个层次在内的动态结构模型,指出系统内广泛存在的竞争与协同是其自组织发展的动力,而学生的主体性则是其演进的序参量。从总体上看,协同与竞争作为学生体育素质的发展的核心内容,在

---

① 马文静.基于协同论的我国社区管理模式创新 [J].商业时代,2012(13):16–17.

② 张贵,薛伊冰.协同论视阈下京津冀区域公共服务协同发展研究 [J].天津行政学院学报,2018,20(05):19–28.

③ 王永盛.从协同论理论思考奥林匹克运动的发展方向 [J].中国体育科技,1997(09):33–36.

④ 邵桂华,王振涛,孙庆祝.竞争与协同:学生体育素质演进的自组织观 [J].体育与科学,2004(01):73–76.

其自组织的螺旋式演进过程中，起到至关重要的作用，基于协同与竞争所产生的学生主体性则是这一过程的主导性力量。此后，邵桂华[①]（2006）继续运用协同理论分析和指导体育教学中的某些问题。从体育教学中的自由与约束、偶然与必然、合作与竞争等关系的研究入手，寻求建立一种以竞争与协同为双重推动力、以奠基于自由之上的约束为演进法则、以偶然与必然的整合为特点的充满"内在活力"的自组织体育教学过程。体育教学作为一个复杂的系统，对其内部诸多关系的洞悉和研读需要较为深入的研究，而通过协同思想对体育教学基础关系的探讨有力补充丰富了相关领域的研究。

邵桂华[②]（2007）梳理发现体育素质教育的目标与现实体育教学之间的沟壑还非常明显，从协同学的理论出发，从差异性与同一性、局部性与整体性、合作与竞争三者之间的关系入手，对体育教学过程进行再度研究。研究结果表明，体育教学过程的自组织能力将直接影响素质教育目标的实现，而自组织的体育教学过程则以竞争与协同为双重推动力，以奠基于自由之上的约束为演进法则、以偶然与必然的整合为其基本特点。

协同学思想及理论基础的产生至今已有将近半个世纪，得益于众多学者的研究和推广，使得协同学始终处于理论发展和创新实践应用中，体现出强大的普适性和科学性，并将继续为学界所关注。总结来看，目前国外学者对协同论的研究主要基于自然科学和数学，以定量化描述为主，用数学方法解释协同学的自组织现象；反观国内学者对于协同论的研究更加注重实际应用，采用定性描述，将协同论应用于管理科学或者社会科学领域的具体问题。用协同论相关理论分析和解决体育学中的各种现象的研究处于探索阶段，尽管部分学者做了一些积极尝试，但关注的体育现象、体育问题还较为有限。随着我国经济社会的不断发展，社会的主要矛盾已然转变，体育事业发展也面临着种种问题和困境，科学合理地运用协同论相关理论知识到体育领域将大有裨益。

....

① 邵桂华. 协同学思想对体育教学的若干启示 [J]. 武汉体育学院学报,2006(02):81-84.
② 邵桂华. 协同与竞争：协同学视野下的体育教学启示 [J]. 天津体育学院学报,2007(01):69-71.

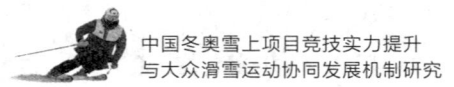

（四）协同机会的相关研究

王福秋[①]（2012）提出在我国的自由式滑雪运动训练系统的协同机会识别并非产生协同机制就一定具有协同效应，要想产生协同效应，必须具有一定的机会与条件。协同机会识别主要是解决系统在实施协同的突破口，准备及时地识别协同机会，才能采取相应的措施和方法，通过不断改进与完善协同机制，获取协同效应。只有建立协同机会识别的基础，才能保证自由式滑雪运动训练系统协同机制的实施。

曹继霞、杨建民、任杰[②]（2018）在组织机构、功能管理、供应链管理三个方面提出机会识别。其中在组织机构中的机会识别，提到科学化与合理化的组织机构是军地协同运行的有效载体和重要保障。功能管理中提出分工明确、各部门之间的各司其职。在双方基础建设过程中寻求协同机会，可以推动协同目标更快实现。在供应链管理系统中，机会识别主要分布在物料整合、运输、仓储及配送这四个环节中。加强双方供应链之间的合作，可促进协同目标的实现。

赵怀周、林建[③]（2001）认为企业间的最主要动力为追求协同效应。在实施协同效应时就需要协同机会，协同机会主要与管理者们意见统一度有重要的关系，意见达不成一致或者理解存在偏差都会使得协同效应难以为继。企业内各部门之间只有通过降低沟通成本来实现资源共享，才能获得"1+1>2"的整体效果。

罗明新、许松（2006）[④]提出协同机会的分析方法主要是价值链分析法，把公司分为几个单元，几个单元之间分为有形关联、无形关联和竞争性关联。有形关联和无形关联、竞争性关联同时存在。如何识别企业中的有形关联，对所有实际发生的共享形式和创造竞争优势各种方式进行分类。无形关联源于业务单元间在多种基本属性方面的相似性。集团

① 王福秋. 中国自由式滑雪运动训练系统协同机制研究 [D]. 北京体育大学,2012.

② 曹继霞,杨建明,任杰. 应急物流军地协同形成机制研究 [J]. 军事交通学院学报,2018,20(09):60-64.7.

③ 赵怀周,林健. 企业协同管理：如何实现 1+1>2[J]. 中国科技月报,2001(03):52-53.

④ 罗明新,许松. 母子公司战略管理中协同机会分析 [J]. 特区经济,2006(06):209-210.

母公司可以在其业务单元中考察主要的价值活动，从中发现可以为技巧传播创造条件的价值链构成方式上的相似性。"整合—反应方格法"。

综上，并非产生协同机会就一定具有协同效应，要想产生协同效应，必须具有一定的机会与先决条件。在组织管理、功能管理、供应链管理中首先要分析外部环境的需求和内部资源的特点，然后分析当前应急物流中军地合作中存在的问题，最后确定协同目标，并分析协同效益和协同机会。由于管理者思想上存在差异，导致对协同的理解也存在不同的观点。由此可见，企业的管理者对协同的认知在很大程度上决定了协同效应能否实现。

三、竞技体育与大众体育关系国内外研究现状

国外有关此领域的研究起步较早，成果也颇多，研究主要集中在两个方面：一是基于人文社会科学观点，揭示群众体育与竞技体育两者为一个整体，代表人物是世界群众体育协会主席帕尔姆（德国）[①]，他提出从 20 世纪后半叶起，体育运动已向全球纵深发展。"全民健身"的口号致力于让每一个人都参加到健身运动之中，不管长幼贫富；二是从管理科学的视角出发，探讨群众体育与竞技体育对国家经济发展和地位的促进作用，主要代表人物是美国学者杰夫瑞·戈比[②]（2000），他认为随着体育功能的不断强化，竞技体育与群众体育相融合展现的魅力将更加独特，不仅成为人们休闲健身的一种必然选择，也成为一个国家展现综合国力、提升形象的重要手段。

国内学者有关竞技体育与大众体育本质关系的研究成果较多，成果梳理显示，在群众体育与竞技体育两者关系的认知上存在着三种观点：一是普及与提高；二是相对独立；三是相互补充，这三种观念实质上也体现了不同时期国家发展体育的方针政策。

① 中国网．全民健身运动面临六大挑战 [EB/OL]
　http://www.china.com.cn/chinese/zhuanti/149979.htm.2002-05-24/2018-11-28.
② [美] 杰弗瑞·戈比．你生命中的休闲 (M).康筝，译．昆明：云南人民出版社,2000.

任海①（2005）认为体育是一种以人体本身为对象的身体运动，其最根本的功能在于通过身体运动，使人得到充分发展。无论是高水平的竞技运动，还是大众体育从本质上看，具有同样的手段——身体运动和同样的目标——人的全面发展。方法与目标的一致性让二者之间拥有了内在联系。所以，这两大体育形态同质异形，两者相辅相成，功能互补。

周爱光②（2003）通过分析东京奥运会前后的竞技体育与大众体育的走向给了我们以下几点启示：北京奥运会是促进我国社会政治、经济的快速发展的契机之一，会激发国民积极参与体育活动的热情，掀起大众体育的热潮；奥运会之后，我国的社会经济得到不断的发展，国民的金牌意识随着认识程度的提高有所改变，相反，运动休闲健康意识会进一步提高。

裴立新、黄炜、佟强③（2008）从功能结构主义角度出发，通过梳理新中国成立以来的我国竞技体育与大众体育已有关系评述的前提下。提出了"相互取予"的观点，一方面，竞技体育与大众体育的共性在于二者都属于身体活动范畴；另一方面，竞技体育与大众体育也存在差异，竞技体育比较注重竞赛结果，更具有竞争性。对竞技体育与大众体育关系的研究，本质上就是梳理二者相互作用、相互影响的社会经济环境和制约因素的研究，如体能特征、运动强度、运动目的、运动手段、运动项目及活动内容等。总结出：竞技体育能够在组织形式、设施条件及活动内容等方面为大众体育提供参考；竞技体育可以在一定程度上对大众体育的价值观念及运动行为带来积极影响，有利于大众体育运动项目水平的提高；随着竞技体育项目在大众体育中的普及，大众体育又会反作用于竞技体育，为竞技体育的发展提供了更加广阔的市场空间，进而推动该竞技项目的全面发展。我们认为竞技体育和大众体育都具有各自的

①任海.论大众体育与高水平竞技运动的相互关系[J].体育文化导刊,2005(03):11-12.
②周爱光.战后日本竞技体育与大众体育的走向[J].体育文化导刊,2003(12):20-22.
③裴立新,黄炜,佟强.从"普及提高"到"相对独立"再到"相互取予"——竞技体育与群众体育关系的研究[J].体育与科学,2008(01):67-70.

目标和任务，属于体育系统内两种结构与功能截然不同的子系统。其次，在两个子系统相交集的环境中，存在着功能上的"相互取予"的关系。

程文广（2003）学者通过研究新中国成立以来不同时期体育思想对我国群众体育与竞技体育发展的影响，认为我国群众体育和竞技体育的发展历程受体育思想发展变化的影响；群众体育与竞技体育经历的基本融合、断裂、协调等与体育思想的变化息息相关。[①]

四、竞技滑雪与大众滑雪运动国内外相关研究

（一）竞技滑雪与大众滑雪运动发展国外研究现状

国外滑雪运动发展的嬗变历程：早期的研究表明滑雪运动起源并发展于北欧斯堪的纳维亚半岛，近些年来考古学家历经多次考古发掘，发现人类的滑雪活动起源于我国新疆北部的阿尔泰山地区。就真正意义上滑雪运动而言，其发展、壮大和成熟离不开北欧斯堪的纳维亚半岛和中部欧洲的阿尔卑斯山脉地区的欧洲人，滑雪运动历经原始阶段、古代阶段向近代、现代的漫长的演化发展过程。国外学者较为关注和雪上运动发展密切相关的一些主题，此类研究成果也相当丰富，主要集中在滑雪体育旅游与自然环境促进方面以及滑雪运动损伤风险等领域。

Lehr,C 等[②]（2012）研究认为，滑雪爱好者热衷于寻找最好的雪条件。研究总结了世界各地数以千计的滑雪胜地的降雪条件主要取决于自然降雪，尤其是野外滑雪。在滑雪者喜爱的众多山脉中，降雪与大规模气候振荡密切相关。Gilaberte-Burdalo,M[③]（2013）研究发现滑雪产业已成为世界上许多山区的主要经济活动之一。然而，这种活动的经济可行性高度依赖于降雪等自然条件的变化，并且受到气候变暖的影响。气候变化

①程文广.我国群众体育与竞技体育嬗变的思想根源 [J].沈阳体育学院学报,2006(06):1-3.
②Lehr,C..Ward,PJ..Kummu,M..Impact of Large-scale Climatic Oscillations on Snowfall-related Climate Parameters in the World's Major Downhill Ski Areas: A Review.MOUNTAIN RESEARCH AND DEVELOPMENT.2012(32):431-445.
③Gilaberte-Burdalo,M.Impacts of climate change on ski industry.ENVIRONMENTAL SCIENCE & POLICY.2013(44):51-61.

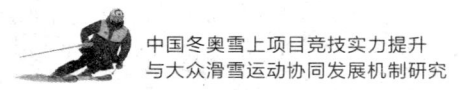
对滑雪业会产生重大的影响，天然雪量的减少以及冬季持续时间的缩短都会缩短适合滑雪的条件。

Pintaldi,E[1]（2017）研究发现滑雪产业通常会对地区经济的改善和基础设施的提高起到明显的促进作用，滑雪胜地可能更为显著，不但会有效改造当地的景观面貌，也会提升生态系统的可持续性。特别是高山滑雪道的影响，它直接影响到土壤和植被的建立与发展。相关研究建议如何在滑雪道建设和管理过程中考虑土壤和植物的可持续利用。

Brucker,PU.Katzmaier,P.Olvermann,M[2]（2014）分析了德国最受欢迎的冬季运动项目高山滑雪，每年有超过 400 万滑雪爱好者和运动员参与其中。然而，随之而来的是较高的意外伤害率，特别是膝关节成为最常见的受伤部位。Gammons, M. Boynton, M.Russell, J.[3]（2011）也认为滑雪和滑雪板是世界范围内受欢迎的运动，既适合于竞技运动也适合于娱乐活动。由于比赛形式和场地多种多样，导致了比赛项目中存在着各种医疗挑战性。研究认为由于训练和比赛环境条件和地形的原因，滑雪和滑雪板总的受伤率相似，滑雪时下肢受伤较多，滑雪板时上肢受伤较多。Nagle,KB[4]（2015）研究发现越野滑雪是一项低伤害风险的运动，具有较少的健康风险和有益健康的作用，研究还发现参与此类运动的爱好者死亡率低于一般人群的死亡率。Hebert-Losier,K 等[5]（2014）分析了作为一项受欢迎的冬季运动项目，高山滑雪比赛从物理、技术和战术角度来看都是复杂而富有挑战性的，更多地研究了男性选手在实际的比赛中赛道、

①Pintaldi,E.Sustainable Soil Management in Ski Areas:Threats and Challenges. SUSTAINABILITY.2017(9):11

②Brucker,PU.Katzmaier,P.Olvermann,M.Recreational and competitive alpine skiing. Typical injury patterns and possibilities for prevention.UNFALLCHIRURG.2014(117): 24-32.

③Gammons,M..Boynton,M.. Russell,J..On-Mountain Coverage of Competitive Skiing and Snowboarding Events.CURRENT SPORTS MEDICINE REPORTS.2011(10):140-146.

④Nagle,KB,Cross-Country Skiing Injuries and Training Methods.CURRENT SPORTS MEDICINE REPORTS:..(14):6:442-447.

⑤33Hebert-Losier,K.Supej,M.Holmberg,HC.BiomechanicalFactors Influencing the Performance of Elite Alpine Ski Racers.SPORTS MEDICINE.2014(44): 519-533.

地形和雪况的不同对运动员获胜的影响。Ketterl, R[①]（2014）对441例北欧冬季滑雪损伤进行了观察和分析。数据表明相较于闲暇时间进行运动的人员来说，专业俱乐部的运动员具有较低的受伤风险；女性遭受创伤的频率高于男性；在职业运动员中，上肢通常受伤，而头部和躯干受伤较少。此外，参与者的年龄越小损伤也越轻；娱乐型运动员的下肢更容易受伤。Hebert-Losier, K[②]（2013）研究认为需要适当的力量、耐力和体能水平来满足滑雪板运动的技术要求。Ferguson, RA[③]（2010）则发现高山滑雪是速度在90—120m/s的高强度运动，这需要反复进行高强度等距收缩和偏心收缩。

由此不难看出，国外关于滑雪运动发展的研究主题，视角多集中于人的健康促进、自然的和谐发展等领域，体现了以人为本的协调可持续发展理念。

（二）国内关于竞技滑雪与大众滑雪运动的相关研究

1.国内竞技滑雪相关研究现状

牛雪松[④]（2017）对平昌冬奥会世界自由式滑雪空中技巧优秀运动员2014—2015、2015—2016及2016—2017赛季世界比赛前3名男、女运动员的竞技实力进行了分析。

高岩[⑤]（2016）对雪上技巧这项体育运动进行系统分析，探寻如何理解雪上技巧的技能，以体能训练视角，综合分析与理解雪上技巧项目的关键技术动作原理、专项特点、比赛特点等与体能训练结合，基于备战

①Ketterl,R.Recreational or professional participants in Nordic skiing. Differences in injury patterns and severity of injuries.UNFALLCHIRURG.2014(117):33-40.

②Hebert-Losier,K.What are the Exercise-Based Injury Prevention Recommendations for Recreational Alpine Skiingand Snowboarding? A Systematic Review.SPORTS MEDICINE.2013(43): 355-366.

③Ferguson,RA..Limitations to performance during alpine skiing.EXPERIMENTAL PHYSIOLOGY.2010(95):404-410.

④牛雪松,白烨.平昌冬奥会世界自由式滑雪空中技巧优秀运动员竞技实力分析 [J].沈阳体育学院学报,2017,36(06):93-100.

⑤高岩.雪上技巧项目专项体能训练内容体系研究 [D].北京体育大学,2016.

索契冬奥会的 2013 年年度体能训练实践调查，总结出雪上技巧体能训练中各运动素质结构特点，分析体能训练各运动素质训练内容安排特点，结合我国雪上技巧体能训练实践和国外相关科研成果，分析雪上技巧专项体能训练内容体系，为下一周期雪上技巧项目的高水平体能训练提供参考。在中国选手徐梦桃与澳大利亚选手 L·莉迪亚是公认的索契冬奥会夺金的热门选手。通过对徐梦桃与 L. 莉迪亚近 3 年世界比赛成绩的对比分析，认为徐梦桃不但具有年龄优势，而且还具有世界最高难度的优势；然而 L·莉迪亚在世界大赛中获高分的次数明显优于徐梦桃，并创下了世界女子空中技巧最高分纪录。徐梦桃如何提高 7.30 以上动作组合的着陆成功率是亟待解决的难题。解决了这一难题，徐梦桃在索契冬奥会上战胜L·莉迪亚的可能性会大大提高。[1]

梁烨烨[2](2018)针对内蒙古冰雪运动后备人才的培养进行分析并得出以下结论：内蒙古自治区冰雪项目的经费投入较少，人才培养模式落后，运动员文化水平普遍偏低，体教融合程度较差，冰雪训练场地设施仍需完善；冰雪运动推广能力薄弱，严重制约了大众参与冰雪运动的整体数量。并针对存在的问题提出以下发展策略：抓住自身优势、重视人才培养、完善冰雪运动人才培养体系，提升教练员及运动员的基本素质，强化体教融合模式，构建后备人才输送网络，完善冰雪运动竞赛体制等。

臧荣海[3]（2017）提出要想实现我国冬奥会的全面参赛资格，就需要完善我们的梯队建设，着重点就要放在后备人才的培养与选拔上，这也是我们面临的最重要的工作。

王锥鑫[4]（2017）指出，冰雪运动竞技人才的培育与储备，不仅是推动我国冰雪运动蓬勃发展的不竭动力，也是我国构建冰雪运动强国的前提

① 吴志海,戈炳珠,曹国林,王娇.索契冬奥会自由式滑雪空中技巧女子顶尖选手竞技实力研究 [J].沈阳体育学院学报,2012,31(06):110-113.
② 梁烨烨.内蒙古冰雪运动竞技体育后备人才培养的研究 [D].内蒙古师范大学,2018.
③ 臧荣海,胡悦.备战2022冬奥会我国冰雪体育后备人才的培养[J].冰雪运动,2017,39(03):1-4.
④ 王锥鑫.我国冰雪运动竞技人才储备与发展路径研究[J].南京体育学院学报（社会科学版),2017,31(02):82-87.

条件。该研究系统描述了我国冰雪运动竞技人才的现实问题：人才后备力量不足，人才分布不均衡，人才竞技水平不够等。提出了我国冰雪运动竞技人才储备及其发展路径的建议：我国政府应加强冰雪竞技运动人才的培养与储备；教育系统应建构大中小学校冰雪运动竞技人才培养体系；体育系统应根据运动项目差异，培育与发展不同项目的冰雪人才；社会系统应为冰雪运动竞技人才的培养提供必要的社会基础和物质条件。

马毅等[①]（2016）基于备战2022年北京冬奥会的背景，通过对我国参与历届冬奥会的历史发展过程进行梳理与分析发现：速度滑冰、自由式滑雪空中技巧等9个奥运项目作为我国2022年冬奥会的重点参加项目，后备人才少，发展不均衡是我们面临的问题。

由此可见，国内学者有关竞技滑雪的研究成果主要围绕技术分析、后备人才培养、竞技项目发展三方面展开，成果大多集中在训练及比赛经验的定量分析层面。

2. 大众滑雪运动相关研究

在大众滑雪运动发展方面，王揖涛[②]（2004）指出，当前我国大众滑雪运动的发展趋势主要表现为如下几个方面：当滑雪运动发展到一定的程度后，我国就会加强对管理、保障、服务的保障力度；更加关注专业人才培养；对管理的规范化加大，同时就会伴随着具有综合功能的大型滑雪场出现，与滑雪相关的产业也会得到促进，参与滑雪的人数会急剧增加并趋于成熟。刘仁辉等[③]（2014）从文化视角出发，较为全面地梳理总结了欧美滑雪的流变，认为滑雪运动起初是从用于古代农牧日常生活、交通运输、狩猎的实用滑雪形成运动项目"越野滑雪"；其后由于欧洲长期的战乱使得滑雪转变成必备的军事能力，在北欧国家尤为明显，

① 马毅，吕晶红.我国备战2022年冬奥会重点项目后备人才培养问题探究[J].体育科学,2016,36(04):3-10.
② 王揖涛.我国大众滑雪运动的现状与展望[J].冰雪运动,2004(10):14.
③ 刘仁辉，李玉新，吴颖.欧美滑雪文化的流变及对中国滑雪文化传承与传播的启示[J].学报,2014,33(04):56-62.

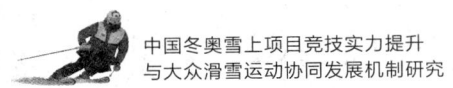
逐渐形成了军事特征鲜明的雪上竞赛类项目；随着欧洲经济社会的大发展，滑雪逐渐演变为集雪上表演和雪上竞技为一体的近代滑雪运动；欧洲产业革命推动了滑雪器具的多次技术革新，使得欧洲近代滑雪迅速发展并体现出竞技特征；后期由于美洲单板滑雪文化的冲击加速融合了欧洲滑雪运动在世界范围内的传播，不断拓展了多种滑雪形式的融入以及旅游滑雪的产生，形成了多元化的滑雪运动，体现娱乐、休闲、竞技、旅游等特性。当前滑雪运动始终在不断发展壮大中，国际雪联 (Federation International de Ski) 作为国际上对于滑雪运动规则的权威制定者以及国际比赛赛事的组织机构，目前拥有超过 120 个成员国。

在滑雪旅游相关研究方面，李卫星[①]（2013）研究发现：滑雪体育旅游首先起源于 19 世纪的欧洲，随着工业革命等商业行为的不断渗透，滑雪运动在 20 世纪的欧洲逐渐发展成为一项极具潜力的旅游项目，成为推动国家发展的支柱型产业。此时的滑雪运动和体育旅游已经深入融合，密不可分，发展成为集竞技、健身、休闲、旅游、娱乐为一体的综合性的商业载体，不断彰显其在体育和旅游领域的巨大价值。推进了滑雪环境的改善和发展，促进了滑雪市场的发展。在此期间，滑雪者所追求的娱乐、集体归属感、表现力等动机的表达不断凸显，滑雪爱好者所崇尚的体育锻炼、高端滑雪体验及度假相关主题活动以及各种竞技观赛类滑雪运动的开展，丰富了人们对美好生活的需求，也表明了滑雪旅游市场供给与社会需求的关系存在着较为突出的矛盾关系，也促使体育旅游呈现多样化发展的趋势。于德生[②]（2007）从大众滑雪旅游产业的视角分析，我国大众滑雪产业应该建立科学的管理体系、加强服务功能、采用经济价格战吸引游客、加大宣传、加强队伍建设、加强冰雪教育、利用综合体育赛事和滑雪运动相结合等手段大力发展大众滑雪旅游。

....

① 李卫星，孙威. 欧洲滑雪体育旅游的起源、现状和发展趋势研究 [J]. 北京体育大学学报 ,2013,36(01):30−35+45.

② 于德生. 我国大众滑雪旅游产业发展现状与对策 [J]. 成都体育学院学报 ,2007(4):47−48.

在滑雪运动损伤及风险方面，全球每年有数十亿人参加冰雪运动，且年龄跨度非常大，从少年儿童练习者到中老年爱好者，他们的身体素质千差万别，特别是低温严寒等诸多自然因素的影响，滑雪所带来的运动风险不可避免。郭占久、王明堂、李忠堂[1]（2009）指出：大众滑雪容易受伤的人群是6—7岁的少年和51—65岁的人，通过研究发现，导致滑雪运动伤害事故的主要有以下几方面的因素：首先是寒冷的环境，在寒冷的环境中进行运动本来就会加大损伤的产生；其次，滑雪者本身身体素质不高，加之准备活动不充分；再者，由于掌握的运动技术不规范，导致运动过程中受伤以及运动的时间过长，人的机体代谢能力较差、在防护措施上各方面做得不够完备。郭利军[2]（2018）通过知识图谱分析国外滑雪风险重点地区主要集中在欧洲的阿尔卑斯山区和北美地区。

在滑雪指导员研究方面，王葆衡、焦铁仁[3]（2005）从滑雪指导员的角度分析了人员的构成及现有的水平现状并指出滑雪指导员在滑雪技术上的指导非常重要，引导滑雪技术已经成为滑雪运动中必不可少的一项运动措施。滑雪指导员在促进安全滑雪，融洽滑雪者等方面有独特的作用。

文献梳理发现，国内有关大众滑雪运动发展的研究成果较多，研究领域分散，成果主要集中在滑雪运动的发展、滑雪旅游、滑雪指导员、滑雪运动损伤及风险等方面，大多数研究成果还比较泛泛，主要针对大众滑雪运动及旅游发展现状与发展策略等问题，且同质现象比较严重。

（三）大众滑雪与竞技滑雪关系的研究

竞技滑雪与大众滑雪关系的相关研究成果比较鲜见。宋锦[4]（2018）以冬奥会为背景，以我国滑雪运动发展现状和大众参与情况为切入点进

---

① 郭占久，王明堂，李中堂.大众滑雪运动中伤害事故的调查及预防干预研究 [J].沈阳体育学院学报,2009.28（2）:22—25.

② 郭利军.国外滑雪运动风险研究的知识图谱分析 [J].体育研究与教育,2018,33(02):35—39.

③ 王葆衡，焦铁仁.我国大众滑雪指导员的现状与发展 [J].沈阳体育学院学报,2005(06):109—111.

④ 宋锦.冬奥会背景下我国发展大众滑雪的启示 [J].戏剧之家,2018(15):238.

行研究与分析。柳阳[①](2017)将我国群众冰雪运动的发展策略作为研究对象，系统地阐述了我国群众冰雪运动的发展现状并提出了推广群众冰雪运动的具体路径。王旭东、崔英波、谷化铮[②](2011)在对我国滑雪运动发展现状进行了系统分析与讨论，找出了政策、经济发展水平和自身发展水平等影响我国滑雪运动发展变化的内容要素，提出滑雪运动与生态环境的协调发展，促进滑雪运动产业化发展，进一步完善竞技体育举国体制，实现滑雪运动与多领域融合发展，同时，增进国与国间的友好交往，扩大国与国间的合作等发展战略。谷化铮[③](2010)指出：滑雪运动作为我国冬季运动中的重要组成部分，对于促进竞技体育与大众体育协同发展意义重大；滑雪运动的发展，不但为竞技运动提供更广阔的发展空间，而且对体育产业的高质量发展起到了积极作用。一方面，有助于提高我国冬季竞技项目的整体实力；另一方面，滑雪运动的蓬勃发展将助力我国冰雪产业链的构建，从而为我国体育产业的发展贡献新的力量。

五、文献述评

通过上述文献研究发现，协同论自创立以来，已被广泛拓展应用于社会实践的诸多领域，研究成果尤以企业管理和社会治理领域较为丰厚，国内外学者研究文献较多，初步形成较为系统的理论和实践体系。协同论在体育领域的应用研究国内起步较晚，目前主要集中在学生体育素质和体育教学两个方面，相关文献可见诸各类研究杂志。这些成果为本书顺利实施提供了必备的理论基础，同时现有文献的局限性和不足也为本书提供了研究方向。

（一）协同论作为系统科学的重要分支，以其为理论支撑研究体育领域中的诸多理论和实践问题，已经逐渐被广大学者所关注与认同，前

---

① 柳阳.我国群众冰雪运动发展策略研究 [D].北京体育大学,2017.

② 王旭东,崔英波,谷化铮.我国滑雪运动现状及发展战略研究 [J].冰雪运动,2011,33(05):23-27.

③ 谷化铮.我国滑雪运动可持续发展的研究 [D].东北师范大学,2010.

期研究所取得的丰硕成果为本书顺利进行提供了坚实的理论基础和实践积累。

（二）协同论在体育领域中的应用虽有一定的实践和理论积淀，但有关群众体育与竞技体育协同发展的研究成果还比较鲜见，特别是将研究视角聚焦在对于建设体育强国具有特殊意义的竞技滑雪和大众滑雪运动，以及两者如何实现协同发展的理论研究和实践研究成果还比较鲜见。

（三）分别以竞技滑雪、大众滑雪运动为研究对象的成果较多，两者统筹研究的成果鲜见，在少数文章中仅讨论了竞技滑雪与大众滑雪有密不可分的联系，但没有进行深层次剖析，以协同论为支撑，研究两者协同发展的理论及实践问题还未全面进入学者视野。

（四）有关竞技体育与大众体育关系的研究，学术界较为关注，成果丰富，但大多集中在以内在本质联系为核心内容的宏观或理论层面的讨论，研究成果也未能尽括竞技体育与大众体育协同发展的实践。

第五节　相关概念界定

一、冬奥雪上项目

冬奥雪上项目属于竞技体育的内容，田麦久[1]在《运动训练学》一书中对竞技体育的定义是：竞技体育是体育的重要内容之一，以运动竞技为主要特征，以取得优异的比赛成绩，夺得比赛优胜为最终目标的社会体育活动。根据实践过程不同，可以将竞技体育划分成运动员选材、运动竞赛、运动训练和运动体育管理几个部分。作为人类的社会活动之一，竞技体育具有明显的竞技性、集群性、规范性、公平性、公开性、观赏性和功利性等特点。由于冬奥雪上项目属于竞技体育的范畴，所以拥有与之相同的特点。

----

[1] 田麦久. 运动训练 [M]. 北京：高等教育出版社,2006：1-10.

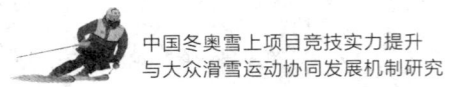

本书将冬奥雪上项目界定为：以运动竞技为主要特征，以取得优异的比赛成绩，夺取比赛优胜为主要目标，且被奥运会列入比赛的竞技滑雪项目。以2022年北京冬奥会为例，冬奥雪上项目包括滑雪、雪车、雪橇、冬季两项等4个大项，高山滑雪、自由式滑雪、单板滑雪、跳台滑雪、越野滑雪、北欧两项、冰壶、雪车、钢架雪车、雪橇、冬季两项等11个分项，以及自由式滑雪空中技巧等55个小项。

二、大众滑雪运动

大众滑雪运动属于群众体育的范畴，群众体育作为现代体育的重要组成部分，在国外被称作大众体育（Sports for All）。夯实发展群众性体育活动，对提高国民素质，培养体育后备人才、实现《全民健康计划纲要》的奋斗目标具有重大的战略意义。王则珊[1]在《群众体育学》一书中对群众体育的概括为：群众体育是指各行各业的人民群众为了达到健身、休闲、健美、康复等目的而进行的内容丰富、形式多样的体育活动。秦椿林[2]在《当代中国群众体育管理》一书中，将群众体育分为广义与狭义两部分，广义的群众体育是指广大人民群众以增强自身体质、预防身体疾病、获得身心娱乐为主要目的，促进社会物质文明与精神文明共同进步的大规模社会实践活动。狭义的群众体育（亦称社会体育）是指除了在学校和武装力量（军、警部队）中进行的体育活动以外，在社会所有地区或活动领域内开展的体育活动。

本书将大众滑雪运动界定为：人民群众利用闲暇时间，在滑雪场所进行的以休闲娱乐或强身健体为目的的滑雪运动[3]。本书讨论的大众滑雪运动强调群众参与的广泛程度，对年龄、性别、职业都没有要求，技术动作便于掌握，人人都可以参与是大众滑雪运动的基础。冬奥雪上项目

① 王则珊. 群众体育学 [M]. 北京：人民体育出版社,1990:19.
② 秦椿林主编. 当代中国群众体育管理 [M]. 北京：人民体育出版社,2006:22.
③ 石凯妤. 我国大众滑雪运动推广的研究 [D]. 北京体育大学,2016.

中只有难度较低、技术易于掌握的项目适合在大众滑雪中开展，如高山滑雪与单板滑雪运动中的回转技术、自由式滑雪中的基本跳跃以及越野滑雪等。本书讨论的是基于正规滑雪场所的大众滑雪运动，其中涵盖了学校组织的滑雪运动，极限滑雪等滑雪形式不在本书研究范围之内。

三、冬奥雪上项目与大众滑雪运动协同系统

冯林[1]把竞技体育和群众体育协同发展看成一个系统，把这个系统分为：主体要素、客体要素、外部环境要素。其中竞技体育系统的主体要素包括：竞技活动的参与者、竞技活动的场地和设施、竞技赛事的组织管理。群众体育系统的主体要素包括：活动的参与者、活动的组织者、指导者以及活动场地与设备。客体要素指的是竞技体育与群众体育系统发展主体要素与客体要素的循环结构。外部的环境要素在系统中主要指：政治经济环境、文化社会环境。本书从系统的主体因素、客体因素、外部环境系统的角度出发，认为冬奥雪上项目竞技实力提升与大众滑雪运动协同发展机会识别系统的内容要素可以从发展政策、科技保障机制、项目规则、组织机构、服务本质、健身功能、娱乐功能、教育功能、政治功能、经济功能、基础人力资源、专业人力资源、场地设施、基础培训机构、社会业余培训体系、运动技术、赛事经验、经费配置、市场推广、媒体宣传、滑雪文化、体育环境、发展环境等几个方面展开。

四、冬奥雪上项目与大众滑雪运动协同机制

要对"协同机制"进行定义，应首先对"协同"与"机制"内涵进行界定与分析。

根据《汉语大词典》的释义，"协"字包含"和睦、合作、调整、调和、汇集、汇合、联合、协助、合并"等多重意义。[2]"协同"是"相互配合、

[1] 冯林．协同学视野下竞技体育与全民健身协同发展的机制研究 [D].吉林体育学院,2017.

[2] 罗竹风．汉语大词典（第一卷上册）[M].上海：汉语大词典出版社,2001:879-880.

协调一致的行动"之意。① 协同的来源在一定程度上相关度依托于系统整体原理，整体性是系统最鲜明、最基本的特征。系统就是由许多部分所组成的整体，所以系统的概念就是要强调整体，强调整体是由相互关联、相互制约的各个组成部分所组成的。②1971 年，德国物理学家赫尔曼·哈肯提出了协同的概念，1976 年系统地论述了协同理论，并发表《协同学导论》，把"协同"定义为：系统的各部分之间互相协作，使整个系统形成个体层次所不存在的新质的结构和特征。③

"机制"一词最早源于希腊文，本义原指机器的构造和动作原理。关于机制一词的本义可以从以下两方面来解读：一是机器由哪些部分组成和为什么由这些部分组成；二是机器是怎样工作和为什么要这样工作。后来机制被引申为有机体的构造、功能及其相互关系，把机制引申到不同的领域，就产生了不同的机制。机制通常还指使制度发挥功能的实践，机制通过制度系统内部组成要素按照一定方式的相互作用实现其特定的功能。在社会科学中，机制表述为"在正视事物各个部分存在的前提下，协调各个部分之间关系以更好地发挥作用的具体运行方式"。理解机制这个概念，主要把握两个方面：一是事物各个部分的存在是机制存在的前提，因为事物有各个部分的存在，就有一个如何协调各个部分之间的关系问题；二是协调各个部分之间的关系一定是一种具体的运行方式，机制是以一定运作方式把事物的各个部分联系起来，使它们协调运行而发挥作用。

综上，结合冬奥雪上项目与大众滑雪运动的实践特点，本书把冬奥雪上项目与大众滑雪运动协同机制定义为：在冰雪强国建设过程中，为实现冬奥雪上项目整体竞技能力和大众滑雪运动发展水平全民提升的战略目标，雪上运动协同系统内部环境和外部环境相互配合、协调一致，使冬奥雪上项目和大众滑雪运动两个子系统以及各要素之间协同发展以产生协同效应的运作机理与运行方式。

① 王同忆. 高级现代汉语大词典 [M]. 呼和浩特：内蒙古大学出版社,2001:760.
② 钱学森. 论系统工程 [M]. 长沙：湖南科学技术出版社,1982:204.
③［德］赫尔曼·哈肯. 高度协同学 [M]. 郭治安，译. 北京：科学出版社,1989:189.

五、协同机会识别与协同效应

"机会"是指实物发展过程中具有时间性的有利情况。协同论认为，整个环境中的各个系统间存在着相互影响而又相互合作的关系，协同系统在发展过程中各子系统因具有共同组织目标而产生协同机会。协同效应原本为一种物理化学现象，又称增效作用，是指两种或两种以上的组分相加或调配在一起，所产生的作用大于各种组分单独应用时作用的总和，经常被表述为"1+1>2"或"2+2=5"。在不同的领域协同效应有不同的内涵解释。在管理科学领域，协同效应可分外部和内部两种情况：外部协同是指一个集群中的企业由于相互协作共享业务行为和特定资源，因而将此作为一个单独运作的企业取得更高的赢利能力；内部协同则指企业生产、营销、管理的不同环节、不同阶段、不同方面共同利用同一资源而产生的整体效应。这种使公司整体效益大于各个独立组成部分总和的效应，称之为协同效应。对于协同效应的原理可以理解为：系统中的各个要素在协同作用下形成了系统的有序性，系统有序结构的内部作用力来自协同作用。

本书将协同机会界定为：雪上运动协同系统发展过程中冬奥雪上项目与大众滑雪运动两个子系统可能产生协同的机会，即识别冬奥雪上项目竞技实力提升与大众滑雪运动协同发展的内容要素。追求协同效应是我国雪上运动协同系统冬奥雪上项目与大众滑雪运动两个子系统进行协同的最终目标，而协同机会识别是实现协同效应的关键环节，只有及时准确地识别协同机会，才能有针对性地依据协同机会采取有效管理手段与管理方法，使我国雪上运动协同系统内部冬奥雪上项目与大众滑雪运动两个子系统或要素通过协同作用实现整体协同效应。

我国冬奥雪上项目竞技实力提升与大众滑雪运动协同发展机制的实施，首先是建立在对协同机会识别的基础之上。协同机会识别主要解决我国冬奥雪上项目与大众滑雪运动这两个子系统在实施协同战略过程中如何寻求协同机会，也就是系统中哪些要素可能产生协同。识别协同机

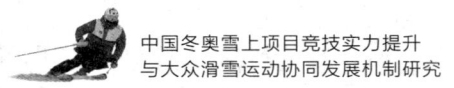
会是我国冬奥雪上项目竞技实力提升与大众滑雪运动实施协同的关键内容，只有精准、实时地识别协同机会，才能利用协同机会采用各种方法与手段，不断丰富和完善协同机制，实现协同效应。倘若系统内各要素之间的关系处理不当，将产生协同的负效应，辨识协同机会的目的是避免协同过程中产生负效应。

第六节　研究对象与方法

一、研究对象

本书以我国冬奥雪上竞技实力提升与大众滑雪运动协同发展机制为研究对象，研究的核心内容为构建协同机会内容要素结构模型，建立协同效应模糊综合评价指标体系，以及构建两者协同发展机制。

二、研究方法

（一）文献资料法

以"协同机会识别""协同效应""模糊综合评价""雪上项目""竞技滑雪""大众滑雪"等主题词通过对中国学术期刊网络出版总库、中国博士学位论文全文数据库、中国重要会议论文全文数据库、中国重要报纸全文数据库、互联网资源等查阅相关的文献资料。相关文献资料主要存在：国内外关于协同研究的相关资料；我国制定的一些与竞技滑雪和大众滑雪运动相关的法律法规及有关政策性的文件；模糊评价、协同机会识别及科研方法等方面的著作文献；与冬奥雪上项目和大众滑雪运动相关的报纸及互联网公众号、微博等网络信息；查阅有关滑雪运动、体育管理学、群众滑雪等方面的书籍，整合与归纳出关于竞技滑雪与大众滑雪运动特征的测验条目。

（二）德尔菲法

德尔菲法是指就某一问题向不同的专家征求意见，并对意见结果进行总结与归纳，随后，再将归纳后的结果返回给参与专家，专家之间无沟通与交流。反复多次，直到专家们的意见趋于一致[①]。本书运用德尔菲法确定我国冬奥雪上项目与大众滑雪运动协同机会内容要素。根据研究主题，选取 13 名在业内具有较大影响的学术及行业专家（见附录 9），共计发放专家问卷三轮，每轮发放 13 份问卷，实收 13 份，有效 13 份，问卷回收率 100%，有效率 100%。

（三）问卷调查法

根据已确立的我国冬奥雪上项目与大众滑雪运动协同机会内容要素，设计出《我国冬奥雪上项目竞技实力提升与大众滑雪运动协同机会调查问卷》，调查问卷采用 Liket 7 级量表，请北京冬奥会国内技术官员冬奥雪上项目管理人员、冬奥雪上项目教练员、冬奥雪上项目运动员，以及在冬季项目开展较好的辽宁、吉林、黑龙江、河北等省份选取大众滑雪爱好者、大众滑雪指导员和大众滑雪场馆管理人员对内容要素的重要程度进行评分，并通过线上电子方式发放《我国冬奥雪上项目与大众滑雪运动协同机会内容要素调查问卷》，共回收 537 份，有效问卷为 520 份，有效率达到 96.8%。

基于冬奥雪上项目竞技实力提升与大众滑雪运动协同效应评价指标体系，制定辽宁省评价调查问卷，通过重测法与专家评定法对问卷信效度进行检验，检测结果显示，该问卷具有良好的信度与效度。采用分层抽样和简单随机抽样相结合的方法，在辽宁省选取与冬奥雪上项目高度相关人员（运动员、教练员、体育局雪上项目管理者、裁判员）77 人，大众滑雪运动参与者（滑雪指导员、滑雪爱好者、滑雪场馆经营管理者、体育局群众体育工作人员、培训机构管理人员、体育社会团体或协会工

① 张伟，张庆普. 基于模糊德尔菲法的企业知识管理创新风险评价研究 [J]. 科技进步与对策 ,2012,29(12):112–116.

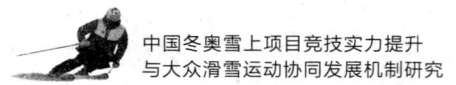
作人员）215人，进行问卷调查，发放问卷300份，回收296份，有效问卷292份，回收率98%，有效率98%。

（四）数理统计法

在整理来自调查与访谈相关数据后，运用SPSS 22.0、AMOS 23.0、MATLAB统计软件进行数据分析，包括描述性统计、内部一致性分析、探索式因素分析、模糊评价模型分析、验证式因素分析等。

第二章

冬奥雪上项目与大众滑雪运动
协同机会内容结构模型的构建

基于文献研究与专家访谈，初步筛选 23 项冬奥雪上项目与大众滑雪运动协同机会内容要素，运用德尔菲法经过三轮专家问卷确立两者协同机会内容要素 17 项，再运用探索性因素分析、验证性因素分析，构建冬奥雪上项目与大众滑雪运动协同机会内容要素结构模型。

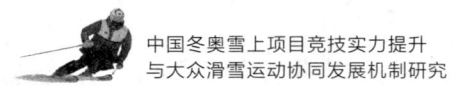
第一节 协同机会内容要素的初步确立

一、问卷的设计

以"协同机会""竞技体育与大众体育协同""竞技滑雪与大众滑雪关系"等为主题词查阅相关文献，对相关学者、体育管理者、教练员等进行访谈，初步建立了冬奥雪上项目与大众滑雪运动协同机会内容要素词典，共有 23 项内容，分别是：发展政策协同、科技保障机制协同、项目规则协同、组织机构协同、服务本质协同、健身功能协同、娱乐功能协同、教育功能协同、政治功能协同、经济功能协同、基础人力资源协同、专业人力资源协同、场地设施协同、基础培训机构协同、社会业余培训体系协同、运动技术协同、赛事经验协同、经费配置协同、市场推广协同、媒体宣传协同、滑雪文化协同、体育环境协同、发展环境协同。

第一轮专家问卷包括两部分（见附录 1），第一部分是要素的筛选，将要素的重要性程度按照"李克特量表"分为"非常重要""比较重要""一般重要""不太重要""极不重要"五个等级，每个等级依次由 5、4、3、2、1 分值表示，请专家根据要素的重要程度给出分值。第二部分分为两个问题，一是对要素层进行补充，增加他们认为重要的其他要素，二是请专家对不恰当的要素做出修正。

第二轮专家问卷由两个部分构成（见附录 2），第一部分是基于第一轮专家问卷的统计结果，请专家再次对第一轮调整后的内容要素的重要程度给出分值。第二部分是请专家回答一个开放性的问题，并对指标体系中不恰当的内容做出修正。

第三轮专家问卷分为两个部分（见附录 3），第一部分是基于第二轮专家问卷的统计结果，请专家再次对第二轮调整后的内容要素的重要程度给出分值。第二部分是请专家回答一个开放性的问题，并对指标体系中不恰当的内容做出修正。

二、统计结果分析

（一）要素筛选的依据

专家问卷的设计，全部内容要素采用 Likert 5 点量表，重要性程度划分为"非常重要""比较重要""一般重要""不太重要""极不重要"五个等级，并对重要性程度分别赋予 5、4、3、2、1 不同的分值。根据发放三轮问卷的统计结果，分别计算出各轮专家问卷对内容要素的意见集中度和意见协调度，按照专家计算结果筛选内容要素。

专家意见集中度用各要素所得分值的算术平均值进行衡量。内容要素的算术平均值越高，表示专家认为该内容要素越重要。假设 M_j 表示第 i 个专家对第 j 个指标的打分，现共有 n 个专家，m 个指标，则第 j 个指标的专家意见度 M_j 为[①]：

$$M_j = \frac{1}{n} \sum_{i=1}^{n} X_{ij} \qquad （公式1）$$

专家意见协调度用各要素所得分值的变异系数来衡量。要素的变异系数越大，表示专家对该内容要素的重要性程度评价越不统一。变异系数越大表示协调度越差。相反，变异系数越小协调度就越好。对第 j 个内容要素的变异系数 V_j 为[②]：

$$V_j = \frac{S_j}{M_j} \qquad （公式2）$$

公式中 S_j 为第 j 个指标的标准差，即：

$$S_j = \sqrt{\frac{1}{n-1} \sum_{i=1}^{n} (X_{ij} - M_j)^2} \qquad （公式3）$$

公式中 M_j 为第 j 个指标的算术平均值。

①② 刘婷婷 . 乡村型度假旅游地可持续发展评价研究 [D]. 西安外国语大学 ,2018.

根据专家意见，将意见集中度和意见协调度的统计结果分为四类：第一类是意见集中度高但协调度低，表示内容要素比较重要，专家意见分歧较大，保留内容要素进入下一轮问卷；第二类是意见集中度高且协调度高的内容要素，表示内容要素比较重要，专家意见分歧较小，直接保留内容要素；第三类是意见集中度低且协调度低的内容要素，表示内容要素不重要，专家分歧较大，保留内容要素进入下一轮问卷进行筛选；第四类是意见集中度低但协调度高，表示多数专家认为该内容要素不重要，删除此内容要素。

（二）第一轮专家问卷结果与分析

表 2-1 第一轮专家问卷统计结果

序 号	要　素	意见集中度	意见协调度
1	发展政策协同	4.62	.11
2	保障机制协同	4.54	.11
3	组织机构协同	4.46	.14
4	项目规则协同	4.46	.11
5	服务本质协同	2.15	.17
6	健身功能协同	4.62	.11
7	娱乐功能协同	4.46	.11
8	教育功能协同	4.38	.11
9	经济功能协同	4.54	.11
10	政治功能协同	4.15	.13
11	基础人力资源协同	4.31	.23
12	专业人力资源协同	4.23	.25
13	场地设施协同	5.00	.00
14	培训机构协同	4.46	.11
15	社会业余培训体系协同	1.92	.14
16	运动技能协同	4.31	.11
17	赛事经验协同	4.46	.11
18	经费配置协同	4.46	.11
19	市场推广协同	4.54	.11
20	媒体宣传协同	4.69	.23
21	滑雪文化协同	4.46	.24
22	发展环境协同	4.00	.28
23	体育环境协同	4.08	.22

表2-2　第一轮专家问卷内容要素筛选结果

集中度	协调度	变异系数	要素序号	要素评价	筛选结果
高	低	大	11-12，20-23	具争议	保留
低	低	大	无	具争议	保留
高	高	小	1-4，6-10，13-14，16-19	重要	保留
低	高	小	5，15	不重要	剔除

由表2-1可知，专家意见集中度分布在1.92—5.00之间，专家意见的协调度分布在0.00—0.28之间，参考相关文献和借鉴前人研究成果，结合本书采用的5、4、3、2、1要素重要性打分体系，可将介于"重要"与"一般"之间的3.50作为专家意见集中度的衡量标准，即当指标均值高于3.50时，表示专家意见集中度较高，要素重要[1]。专家意见协调度通常以0.5作为衡量标准，即当有为数一半及以上的专家意见不同时，表示该要素的专家意见分歧较大。结合本书计算结果，为使内容要素的筛选更加精准，将专家意见协调度的衡量标准由原来0.5降至0.20，即当有20%及以上的专家意见不同时，就表示该指标的专家意见分歧较大。

根据上述标准，在初选内容要素中，服务本质协同、社会业余培训体系协同专家的意见集中度低于3.5且协调度低于0.20的标准，表明专家认为该要素不重要且专家意见较统一，因此删除该要素；基础人力资源协同、专业人力资源协同、媒体宣传协同、滑雪文化协同、发展环境协同、体育环境协同等内容要素的专家意见集中度高于3.5且协调度高于0.20的标准，表明专家对此类指标的重要性评价意见存在争议，应当保留指标进入下一轮问卷，其中专业人力资源协同和基础人力资源协同专家认为都包含于人力资源协同之下，因此合并为人力资源协同。剩余其他内容要素的意见集中度高于3.5，意见协调度低于0.20的标准，表示多位专家意见较统一，且认为该类内容要素重要。

---

[1] 刘婷婷. 乡村型度假旅游地可持续发展评价研究 [D]. 西安外国语大学, 2018.

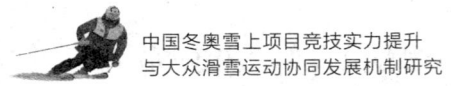
（三）第二轮专家的问卷结果与分析

由表 2-3 可得，经过第二轮专家问卷筛选，政治功能协同、培训机构协同和媒体宣传协同集中度较低，均低于集中度 3.5 的标准，且协调度低于 0.20 的标准，表明专家认为该要素不重要且专家意见较统一，因此剔除该内容要素。滑雪文化协同、发展环境协同、体育环境协同意见集中度高于 3.5，意见协调度高于 0.20 的标准，具有争议，与专家沟通交流后，专家建议把这三个内容要素重新命名为体育道德协同、体育意识协同、体育理想协同。剩余其他内容要素的意见集中度高于 3.5 的标准，意见协调度低于 0.20，表示多位专家意见较统一，认为该类内容要素重要。

表 2-3　第二轮专家问卷统计结果

序　号	要　素	意见集中度	意见协调度
1	发展政策协同	4.54	.11
2	保障机制协同	4.46	.11
3	组织机构协同	4.62	.11
4	项目规则协同	4.38	.11
5	健身功能协同	4.54	.11
6	娱乐功能协同	4.46	.11
7	教育功能协同	4.31	.11
8	经济功能协同	4.38	.11
9	政治功能协同	2.08	.13
10	人力资源协同	4.31	.14
11	场地设施协同	4.92	.05
12	培训机构协同	2.92	.09
13	运动技能协同	4.38	.17
14	赛事经验协同	4.38	.11
15	经费配置协同	4.38	.11
16	市场推广协同	4.46	.11
17	媒体宣传协同	2.77	.15
18	滑雪文化协同	4.46	.24
19	发展环境协同	4.31	.29
20	体育环境协同	4.46	.24

表2-4　第二轮专家问卷要素筛选结果

集中度	协调度	变异系数	要素序号	要素评价	筛选结果
高	低	大	18-20	具争议	保留
低	低	大	无	具争议	保留
高	高	小	1-9，10-11，13-16	重要	保留
低	高	小	9，12，17	不重要	剔除

（四）第三轮专家问卷结果与分析

表2-5　第三轮专家问卷统计结果

序　号	要　素	意见集中度	意见协调度
1	发展政策协同	4.62	.11
2	保障机制协同	4.54	.11
3	组织机构协同	4.54	.14
4	项目规则协同	4.46	.11
5	健身功能协同	4.54	.11
6	娱乐功能协同	4.54	.11
7	教育功能协同	4.38	.11
8	经济功能协同	4.31	.11
9	人力资源协同	4.31	.14
10	场地设施协同	4.69	.15
11	运动技能协同	4.69	.13
12	赛事经验协同	4.46	.11
13	经费配置协同	4.46	.11
14	市场推广协同	4.54	.11
15	体育道德协同	4.31	.11
16	体育意识协同	4.38	.17
17	体育理想协同	4.54	.11

表2-6　第三轮专家问卷内容要素筛选结果

集中度	协调度	变异系数	要素序号	要素评价	筛选结果
高	低	大	无	具争议	保留
低	低	大	无	具争议	保留
高	高	小	1-17	重要	保留
低	高	小	无	不重要	剔除

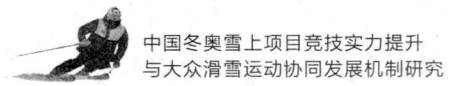

由表 2-5 可知，经过三轮专家问卷的调查，专家意见趋于一致。集中度在 3.5 以上，协调度在 0.20 以下，表示专家的意见集中度高，且意见较统一。最终确定了我国冬奥雪上项目与大众滑雪运动协同机会的 17 项内容要素：发展政策协同、保障机制协同、组织机构协同、项目规则协同、健身功能协同、娱乐功能协同、教育功能协同、经济功能协同、人力资源协同、场地设施协同、运动技能协同、赛事经验协同、经费配置协同、市场推广协同、体育道德协同、体育意识协同、体育理想协同。

第二节

冬奥雪上项目与大众滑雪运动
协同机会内容结构模型构建

上一节通过专家咨询法确定了我国冬奥雪上项目与大众滑雪运动协同机会内容要素，但该要素能否较好地诠释冬奥雪上项目和大众滑雪运动协同的影响因素，还需要通过实证进行检验。另外，通过专家咨询得到的内容要素也无法精准地描述各要素集对我国冬奥雪上项目与大众滑雪协同的影响程度。因此，本节根据内容要素咨询结果设计问卷，采用探索性因素分析和验证性因素分析对我国冬奥雪上项目与大众滑雪运动协同内容结构模型进行验证，从而为促进我国冬奥雪上项目与大众滑雪的协同发展提供精准的理论依据。

一、研究设计

（一）研究方法

由于调查问卷变量较多，难以实现我国冬奥雪上项目与大众滑雪运动协同机会各要素间关系的深入分析，因此采用因素分析法对研究内容进行降维处理，通过探索性因素分析将相关性较高的几个变量浓缩成共同因子，采用验证性因素分析评价各公因子与其所对应的测评项目间是否符合一定的理论构建。研究将 520 份调查数据按照单双号进行编码，单号用于探索性因子分析，双号用于验证性因子分析。

（二）调查问卷的形成

为了深入分析我国冬奥雪上项目竞技实力提升与大众滑雪运动协同发展各要素之间的关系，需要编制我国冬奥雪上项目与大众滑雪运动协同发展影响因素问卷。由于目前国内还没有相关的经典或改编的问卷可供直接使用，因此本部分依据前一章专家咨询的结果编制我国冬奥雪上项目与大众滑雪运动协同机会识别内容要素问卷。问卷分为两部分，第一部分是基本情况，第二部分根据专家咨询结果转换成测试题项，每个测试题项反映一个概念，共计 17 个测试题项，用 Liket 7 级量表分别赋值 1—7，具体见附录 4。

（三）调查问卷的发放与回收

调查问卷编制形成后邀请部分北京冬奥会国内技术官员、冬奥雪上项目管理人员、冬奥雪上项目教练员、冬奥雪上项目运动员以及大众滑雪爱好者、大众滑雪指导员和大众滑雪管理人员对调查问卷内容进行批判性阅读，以增加问卷效度。通过线上电子方式发放《我国冬奥雪上项目与大众滑雪运动协同机会内容要素调查问卷》，共回收 537 份，有效问卷为 520 份，有效率达到 96.8%。

（四）调查对象的基本情况

调查对象包括三大类。一是冬奥雪上项目教练员、运动员和技术官员等具有较高雪上运动专项技能和知识一类，其中运动员需要具备国家二级以上运动员等级；二是大众滑雪爱好者和滑雪指导员类，其中大众滑雪爱好者需具备 3 年以上滑雪经历；三是与雪上运动相关的管理类人员，包括体育行政部门相关管理人员、滑雪培训机构管理人员、体育社会团体或协会工作人员。具体信息见表 2-7。

表 2-7 样本基本信息 (n=520)

	研究对象	人数	百分比 %
性别	男	302	58
	女	218	42
年龄	20 以下	13	2.6
	20—29	238	45.8
	30—39	198	38
	40 以上	71	13.6
学历层次	高中 / 中专及以下	32	6.2
	大专	58	11.2
	本科	211	40.5
	研究生及以上	219	42.1
调查对象	运动员	52	10
	教练员	50	9.7
	技术官员	118	22.7
	滑雪指导员	70	13.5
	滑雪爱好者	169	32.5
	滑雪场馆经营管理者	20	3.8
	体育行政部门群众体育工作人员	11	2
	体育行政部门雪上项目管理者	12	2.3
	滑雪培训机构管理人员	9	1.8
	体育社会团体或协会工作人员	9	1.8

①性别和年龄

调查对象中男性人数比例为 58%，女性人数比例为 42%；主要为 20—39 岁的人群。

②人群类型

调查对象中冬奥雪上项目相关人员占比 42.4%，其中冬奥雪上项目运动员、教练员、裁判员比例为 19.7%；大众滑雪相关人员占 57.6%，其中具有职业等级的大众滑雪指导员比例为 13.5%，大众滑雪爱好者比例为 32.5%。

③学历层次

调查对象中研究生及以上学历人员占 42.1%，本科学历人员占 40.5%，大专学历人员占 11.2%，高中 / 中专及以下人员占 6.2%。调查对象普遍学历层次较高，可以保证问卷回答结果更加真实有效。

（五）协同机会内容要素描述性统计分析

采用平均数对数据的集中趋势进行分析，用标准差对数据的离散程度进行分析，用偏度和峰度两个指标来检验数据是否呈正态分布①。如表 2-8 所示，根据调查样本的偏度和峰度显示，数据基本呈正态。

表 2-8 测量条目的描述统计 (n=520)

	样本量	均值	标准差	偏度	峰度
发展政策协同	520	3.906	1.130	.267	-.165
保障机制协同	520	5.071	1.240	.053	.316
组织机构协同	520	4.790	1.257	-.236	-.218
项目规则协同	520	4.913	1.141	-.330	.089
健身功能协同	520	4.185	1.059	-.165	.570
娱乐功能协同	520	4.148	.991	-.064	.482
教育功能协同	520	3.965	1.021	.257	.259
经济功能协同	520	3.688	1.179	.280	-.221
人力资源协同	520	3.567	.893	.163	-.120
场地设施协同	520	4.037	.908	.453	.109
运动技能协同	520	3.862	.989	-.178	.563
赛事经验协同	520	3.792	.971	-.054	.637
经费配置协同	520	3.848	.861	.701	.888
市场推广协同	520	4.090	.817	.275	.601
体育道德协同	520	5.800	1.002	.321	-.845
体育意识协同	520	5.938	.842	-.388	-.055
体育理想协同	520	5.921	1.141	.601	.132

....

① 高圆媛, 孙红月. 我国高水平运动员职业生涯管理影响因素研究——基于自由式滑雪空中技巧国家队的实证分析 [J]. 沈阳体育学院学报, 2016,32(06):89-98.

二、探索性因素分析

（一）问卷信度检验

探索性因素分析前要首先对测量工具的可靠性进行检验，本书采用进行信度检验。通常认为 0.6 为临界值，0.6—0.7 之间勉强可以接受，0.7—0.8 之间属于可接受，0.8 以上为比较好。运用 SPSS22.0 软件对调查问卷的奇数部分数据（n=260）进行信度分析，调查问卷的系数为表明具有较好的一致性，可靠性较高。问卷信度检验采用可靠性分析、项目间相关性矩阵和项总计统计三个内容。

1. 调查问卷的可靠性分析

Cronbach Alpha 系数检验是建立内部一致性最常用方法，被视为衡量问卷效度的重要标准。通过删除题项来观察系数变化情况，当删除某一题项后，问卷的 α 系数比删除前要低，则表明该题项应该保留，反之，若删除某一题项后，问卷的 α 系数比删除前要高，则表明该题项应删除。在以探索性为目的的问卷中，0.5 以上被认为可以接受；在验证性目的下，则以 0.6 为可接受的临界值，0.7 以上为比较好。由表 2-9 的结果可知，问卷整体信度为 0.711，且均高于删除其中任何一项内容要素后的值，表明问卷信度较高，具有较好的内部一致性。

表 2-9 信度分析表 (n=520)

0.3	协同机会识别内容要素	删除项后的 Cronbach's α	Cronbach's α
1	发展政策协同	.693	
2	保障机制协同	.699	
3	组织机构协同	.693	
4	项目规则协同	.710	
5	健身功能协同	.691	
6	娱乐功能协同	.695	
7	教育功能协同	.699	
8	经济功能协同	.703	
9	人力资源协同	.698	.711
10	场地设施协同	.695	
11	运动技能协同	.687	
12	赛事经验协同	.691	
13	经费配置协同	.689	
14	市场推广协同	.703	
15	体育道德协同	.709	
16	体育意识协同	.706	
17	体育理想协同	.700	

2. 调查问卷项目相关性矩阵分析

本书运用 Pearson 相关性矩阵来考察项目间的关系。通常认为项目间相关性矩阵临界值为 0.3，低于 0.3 为低度相关，高于 0.7 为高度相关，介于 0.3—0.7 之间为中度相关。表 2-10 结果来看，调查项目间相关性值均达到标准，且部分指标高于 0.7，说明调查问卷具有可靠的相关性。

表 2-10　各题项间相关性矩阵表（拆分表）

	人力资源协同	场地设施协同	运动技能协同	赛事经验协同	经费配置协同	市场推广协同
人力资源协同	1					
场地设施协同	.502**	1				
运动技能协同	.517**	.636**	1			
赛事经验协同	.396**	.469**	.720**	1		
经费配置协同	.478**	.325**	.452**	.522**	1	
市场推广协同	.423**	.509**	.518**	.507**	.479**	1
	发展政策协同	保障机制协同	组织机构协同	项目规则协同		
发展政策协同	1					
保障机制协同	.758**	1				
组织机构协同	.806**	.608**	1			
项目规则协同	.646**	.581*	.695*	1		
	健身功能协同	娱乐功能协同	教育功能协同	经济功能协同		
健身功能协同	1					
娱乐功能协同	.747**	1				
教育功能协同	.567**	.599**	1			
经济功能协同	.548**	.584**	.629**	1		
	体育道德协同	体育意识协同	体育理想协同			
体育道德协同	1					
体育意识协同	.750**	1				
体育理想协同	.549**	.512**	1			

注：**.在 0.01 级别（双尾），相关性显著；*.在 0.05 级别（双尾），相关性显著。

3. 调查问卷项总计统计分析

本书运用 Pearson 积差相关系数考察各题项与总分的关系。通常的判断标准为 r < 0.3 时表示微相关；当 0.3 < r < 0.5 时，表示低度相关；当 0.5 < r < 0.8 时，表示显著相关；当 0.8 < r < 1 时表示高度相关 ①。相关系数得分越小，相关性越差。如表 2-11 所示，各题项与问卷总计修正后的相关性均大于 0.7，最小值为 0.701，远大于 0.5 的衡量标准，说明各题项与协同机会内容要素整体相关系数较好，表明调查问卷具有较高信度。

表 2-11　各题项得分与问卷总分的相关系数表（n=260）

题号	题总相关系数	题号	题总相关系数
1	.701	10	.855
2	.716	11	.837
3	.771	12	.871
4	.769	13	.846
5	.757	14	.843
6	.762	15	.735
7	.845	16	.799
8	.777	17	.772
9	.859		

注：★★ 表示 $p < 0.01$。

（二）内容效度检验

内容效度主要是评判问卷题目对测量内容之间的反映程度，通常采用专家对测试项目与研究内容进行符合性判断。本书邀请了 3 名冬奥雪上项目和 3 名大众滑雪运动专家，对拟调查问卷每一个测试题项反复斟酌、论证与修改，以最大程度上提高调查问卷的内容效度。

（三）结构效度检验

本书采用探索性因素分析来检验调查问卷的结构效度。在探索性因素分析前，先进行 KMO 和 Bartlett 球形检验，KMO 用于检验变量的偏

①杨广霞，谢华等 .SPSS 数据统计与分析从新手到高手 [M]. 北京：清华大学出版社 ,2014:181-182.

相关大小，Bartlett 则用于检验相关矩阵是否为单位矩阵，只有两者都达到判定标准才可进行因子分析。KMO 值越接近 1，变量间的相互关系越强，越适合执行因子分析。通常认为 0.5 以下较差，0.7 以上则可以接受；Bartlett 球形检验如果显著性水平高于 0.05 说明变量间为单位矩阵，则原变量不适合做因子分析。本书中，KMO 值为 0.720，大于 0.7，Bartlett 球形检验卡方为 2239.366，自由度为 136，显著性概率为 0.000，小于 0.05，说明该调查问卷适合做因子分析，如表 2-12 所示。

表 2-12 KMO 和 Bartlett 检验表

KMO 取样适切性量数		.720
巴特利特球形度检验	近似卡方	2239.366
	自由度	136
	显著性	.000

采用主成分分析法执行探索性因子后得到因子的数量、各因子的方差解释率和总方差解释率。通常认为因子分析中因子特征值应大于 1 可作为公因子提取，且累计方差贡献率大于 60%。表 2-13 显示，有 4 个成分的特征值大于 1，且累计方差解释率为 66.414%，达到建议标准，能够提取 4 个公因子。

表 2-13 冬奥雪上项目与大众滑雪协同机会内容要素解释方差 (n=260)

成分	初始特征值			提取载荷平方和			旋转载荷平方和		
	总计	方差百分比	累积 %	总计	方差百分比	累积 %	总计	方差百分比	累积 %
1	3.533	20.783	20.783	3.533	20.783	20.783	3.488	20.519	20.519
2	3.101	18.243	39.027	3.101	18.243	39.027	2.990	17.589	38.109
3	2.397	14.099	53.126	2.397	14.099	53.126	2.445	14.381	52.490
4	2.259	13.289	66.414	2.259	13.289	66.414	2.367	13.924	66.414
5	.958	5.635	72.049						
6	.751	4.418	76.467						
7	.662	3.896	80.363						
8	.589	3.465	83.828						
9	.520	3.057	86.885						
10	.463	2.726	89.611						
11	.414	2.434	92.045						
12	.380	2.237	94.281						

成分	初始特征值			提取载荷平方和			旋转载荷平方和		
	总计	方差百分比	累积 %	总计	方差百分比	累积 %	总计	方差百分比	累积 %
13	.313	1.844	96.125						
14	.197	1.161	97.286						
15	.170	1.002	98.288						
16	.149	.874	99.163						
17	.142	.837	100.000						

注：提取方法为主成分分析法。

公因子数量确定后，各公因子仍不够明确，采用最大方差正交旋转法对因子进行进一步筛选，使得因子呈现两极分化，更易于观察和分析。从表 2-13 可以看出，经过旋转后的成分载荷矩阵更为清晰。本书选取载荷量 0.4 以上的题项进行分析。题项"人力资源协同、场地设施协同、运动技能协同、赛事经验协同、经费配置协同、市场推广协同"在公因子 1 上具有较大的载荷，最小值为 0.670，表明该 6 个题项具有较高的相关度，可归为同一个因子，这些因素主要反映我国冬奥雪上项目与大众滑雪运动资源配置方面的信息，故命名为资源配置协同；题项"健身功能协同、娱乐功能协同、教育功能协同、经济功能协同"在公因子 2 上具有较大的载荷，最小值为 0.813，表明该 4 个题项具有较高的相关度，可归为同一因子，这些要素主要反映我国冬奥雪上项目与大众滑雪运动体育功能方面的信息，故命名为体育功能协同；题项"发展政策协同、保障机制协同、组织机构协同、项目规则协同"在公因子 3 上具有较大的载荷，最小值为 0.868，表明该 4 个题项具有较高的相关度，可归为同一因子，这些要素主要反映我国冬奥雪上项目与大众滑雪运动组织及管理方面的信息，故命名为组织管理协同；题项"体育道德协同、体育意识协同、体育理想协同"在公因子 4 上具有较大载荷，最小值为 0.782，表明该 3 个题项具有较高的相关度，可归为同一因子，这三个因素主要反映我国冬奥雪上项目与大众滑雪运动体育精神方面的信息，故命名为体育精神协同。

根据上述统计分析结果，将协同机会内容要素的基本结构分为四个维度，即"资源配置协同""体育功能协同""组织管理协同""体育精神协同"。

表2-14　正交旋转之后的冬奥雪上项目与大众滑雪协同机会内容要素载荷矩阵
(n=260)

	成分			
	1	2	3	4
发展政策协同	.029	−.004	.939	.021
保障机制协同	.023	.027	.869	.003
组织机构协同	.068	−.008	.868	.042
项目规则协同	−.104	.084	.872	.236
健身功能协同	.015	.876	.113	.043
娱乐功能协同	.012	.900	.049	.034
教育功能协同	−.024	.813	−.075	.077
经济功能协同	.001	.852	−.057	.059
人力资源协同	.717	−.009	−.017	.023
场地设施协同	.748	−.037	.043	−.035
运动技能协同	.869	.044	.011	−.031
赛事经验协同	.776	−.036	.102	−.020
经费配置协同	.670	.092	.059	.091
市场推广协同	.757	−.060	−.055	−.134
体育道德协同	−.048	.022	−.053	.929
体育意识协同	.016	.029	−.048	.891
体育理想协同	.121	.017	.043	.782

注：提取方法为主成分分析法，凯撒正态化最大方差法，通过在4次迭代后收敛。

三、验证性因素分析

（一）协同机会内容要素结构模型的构建

通过对我国冬奥雪上项目与大众滑雪运动协同机会内容要素的探索性因子分析，萃取出我国冬奥雪上项目与大众滑雪运动协同的四个维度，

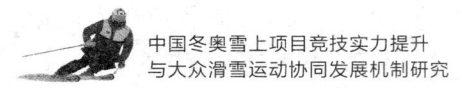

分别为：组织管理协同、体育功能协同、资源配置协同、体育精神协同，构建了我国冬奥雪上项目与大众滑雪运动协同机会内容要素结构模型，如图 2-1 所示。

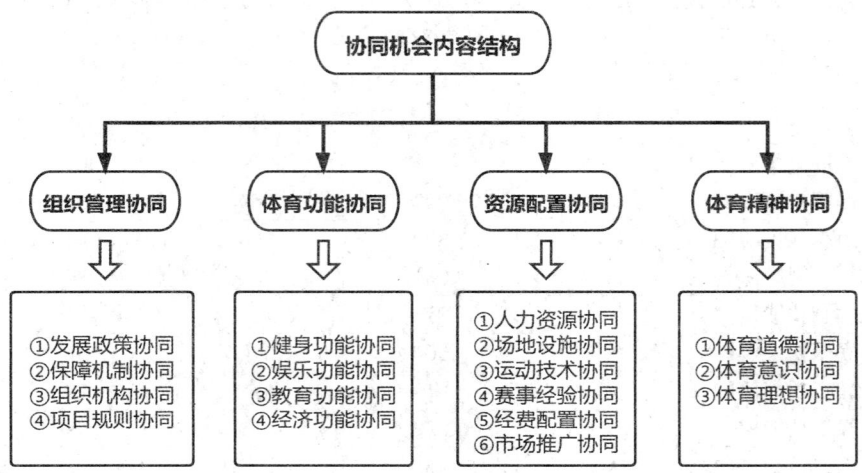

图 2-1　冬奥雪上项目与大众滑雪运动协同机会内容要素结构模型

（二）协同机会内容要素结构模型的验证性因子分析

本书利用 AMOS24.0 在我国冬奥雪上项目与大众滑雪协同内容要素结构模型基础上，运用调查数据的偶数份（260 份）资料进行验证性因子分析（CFA）。验证性因素分析的主要目的是检验我国冬奥雪上项目与大众滑雪协同机会内容要素模型的适配性，验证该内容要素模型与实际调查数据拟合情况，分析与讨论不同变量对我国冬奥雪上项目与大众滑雪运动协同的影响程度大小。

由我国冬奥雪上项目与大众滑雪协同机会内容要素模型可知，该模型包含 4 个潜变量和 17 个观测变量，潜变量具体为组织管理协同、体育功能协同、资源配置协同、体育精神协同为潜在变量；观测变量为发展政策协同、保障机制协同、组织机构协同、项目规则协同、健身功能协同、娱乐功能协同、教育功能协同、经济功能协同、人力资源协同、场地设施协同、运动技能协同、赛事经验协同、经费配置协同、市场推广协同、体育道德协同、体育意识协同和体育理想协同。本书运用结构方程软件 AMOS24.0 构建进行验证性因素分析模型，模型结果见图 2-2。

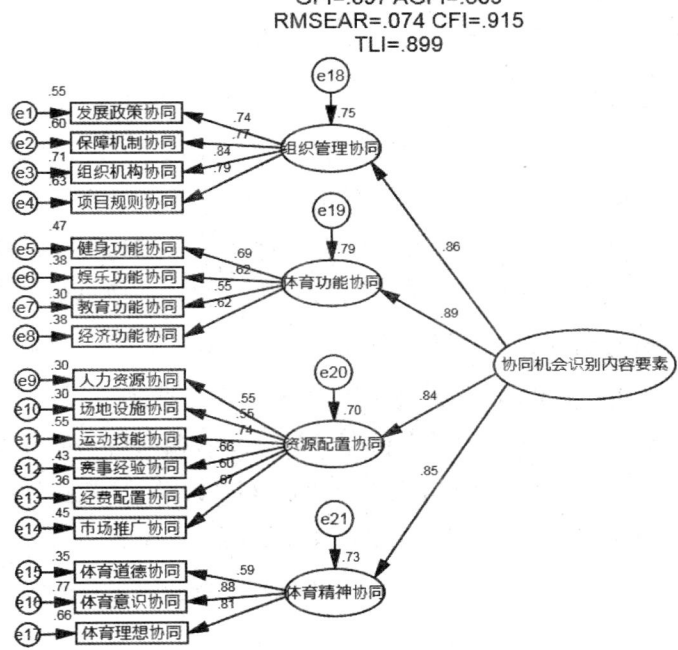

图 2-2　冬奥雪上项目与大众滑雪运动协同机会内容要素结构模型验证性因子分析

（三）协同机会内容要素结构模型的拟合指标分析

为了检验我国冬奥雪上项目与大众滑雪运动协同机会内容要素结构模型的拟合度，本书对已构建的结构模型拟合指数进行了分析，结果见表2-15。

表 2-15　我国冬奥雪上项目与大众滑雪协同机会内容要素结构模型拟合指数
（n=260）

主要指标	建议标准值	拟合值	拟合结果
χ^2	越小越好	298.427	
df	越大越好	115	
χ^2/df	＜ 5	2.595	良好

续表

主要指标	建议标准值	拟合值	拟合结果
GFI	> .9	.897	合理范围
AGFI	> .9	.863	合理范围
RMSEAR	< .08	.074	良好
CFI	> .9	.915	良好
TLI(NFI)	> .9	.899	合理范围

由表 2-15 可知，模型的卡方值（χ^2）为 298.427，自由度（df）为 115，二者的比值为 2.595，低于 5.0 的标准值；比较拟合指数 CFI 为 0.915、正态拟合指数 NFI 为 0.899 均在合理范围内。标准化残差均方根 SRMR 为 0.072 均小于 0.08 的标准值。以上指标反映模型与数据的拟合良好，显示我国冬奥雪上项目与大众滑雪协同机会要素结构模型具有较理想的拟合度，从而也说明该模型具有较好的结构效度。各个拟合检验指标均在合理的范围内，拟合程度较理想，不需要对其修正。

通过验证性因素分析模型可知，经过专家咨询后构建的我国冬奥雪上项目与大众滑雪协同机会要素结构模型在可以接受的范围内。从图 2-2 中验证性因素分析模型的因子载荷情况来看，组织管理协同、体育功能协同、资源配置协同、体育精神协同 4 个潜变量均对我国冬奥雪上项目与大众滑雪协同机会有正向影响，依因子载荷量大小，依次为体育功能协同、组织管理协同、体育精神协同和资源配置协同，但差距并不大；另外，还可以看到，体育功能协同因素中，载荷量大小依次为健身功能协同、娱乐功能协同、经济功能协同和教育功能协同；组织管理协同因素中，载荷量大小依次为组织机构协同、项目规则协同、保障机制协同和发展政策协同；资源配置协同因素中，载荷量大小依次为运动技能协同、市场推广协同、赛事经验协同、经费配置协同、人力资源协同和场地设施协同；体育精神协同因素中，载荷量大小依次为体育意识协同、体育理想协同和体育道德协同。

第三章

冬奥雪上项目与大众滑雪
协同发展机制分析

　　我国冬奥雪上项目与大众滑雪协同发展可以解释为冬奥雪上与大众滑雪两个子系统的协同发展，统一于我国滑雪运动这个总系统之中。两者协同发展机制的设计目标为强化两个子系统自身协同发展动力，消减影响协同发展阻力，保证两个子系统之间协同有效运行，进而实现我国冬奥雪上项目与大众滑雪协同发展目标。根据第二章第二节中的论述，我国冬奥雪上项目与大众滑雪协同机会的内容要素主要包括组织管理协同、体育功能协同、资源配置协同、体育精神协同等四个方面。基于此，本节首先对我国冬奥雪上项目与大众滑雪运动发展历程进行梳理，以期为后续全面分析冬奥雪上项目与大众滑雪运动协同发展机制提供充分的学理依据；对冬奥雪上项目与大众滑雪运动协同发展系统进行分析，论证了冬奥雪上项目与大众滑雪运动协同系统具有自组织特征；基于构建原则，设计了冬奥雪上项目与大众滑雪运动协同发展机制模型，并就协同发展机制模型的内容要素、子系统及各要素的作用机制、运行机制等方面进行深入讨论与分析。

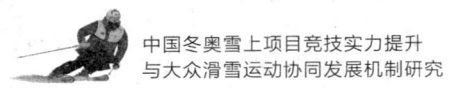
第一节

冬奥雪上项目与大众滑雪运动
协同发展系统分析

　　系统科学认为，世界万物虽形态各不相同，但都会以系统的形式持续演变与发展，体现出从无序到有序，从低级到高级的发展过程。冬奥雪上项目与大众滑雪运动两者作为滑雪运动复合系统的两个子系统，两者互为作用、相互促进，既具有作为子系统的独有属性和运行规律，又具有滑雪运动复合系统的整体特点和发展规律。

一、系统要素分析

　　冬奥雪上项目与大众滑雪运动的系统要素主要包括两个内容：一是主客体要素，二是外部环境要素。

（一）主客体要素分析

　　冬奥雪上项目作为滑雪运动的一个子系统，其系统要素主要包括：直接参加冬奥雪上项目的各类人员、开展冬奥雪上项目所需的场地设施、组织冬奥雪上项目训练、比赛的各类管理组织。直接参加冬奥雪上项目的各类人员包括：冬奥雪上项目的运动员、教练员、裁判员、科研攻关与科技服务人员、负责项目管理的体育行政部门人员。开展冬奥雪上项目所需的场地设施主要是指为保证冬奥雪上项目顺利开展的必备的专门场地设施，此类场地设施对专业化程度要求较高，这是由冬奥雪上项目竞技性特点所决定的。组织冬奥雪上项目训练、比赛的各类管理组织主要是指负责冬奥雪上项目的体育行政主管部门，如国家体育总局冬季运动管理中心及各省、市体育局设置的冬季运动管理中心、竞训处等，主要负责规划冬奥雪上项目设置、组织各类竞赛、统筹进行各类雪上项目运动队的训练与比赛。

　　大众滑雪作为滑雪运动的一个子系统，其系统要素主要包括：直接参与大众滑雪运动的相关人员、组织与指导大众滑雪运动的相关人员、开展大众滑雪运动所需的场地设施。直接参与大众滑雪运动的相关人员主要是指利用闲暇时间参与大众滑雪运动的各类群体，参与动机多以健身、社交、愉悦心情、体验惊险刺激为主；组织与指导大众滑雪运动的相关人员主要是指滑雪社会体育指导员、策划组织大众滑雪运动的体育行政主管部门管理者、相关协会工作人员、志愿者等，主要负责开展大众滑雪培训、志愿服务、组织赛事活动等工作；大众滑雪运动所需场地设施主要是指满足大众滑雪运动开展的各类滑雪场地、设施、器材等，在这方面与冬奥雪上项目要求不同，在标准上可高可低，主要突出的是娱乐、健身、愉悦身心等特点。

（二）外部环境要素分析

冬奥雪上项目与大众滑雪运动分属竞技体育领域和群众体育领域，其实质都是一种社会现象，既是教育的一环，又是生活的一环。冬奥雪上项目与大众滑雪运动复合系统的发展，就需要其与外部环境进行物质、能量和信息的交换，只有这样才能保持系统发展所需的动力和信息支持。滑雪运动作为社会大系统的一个子系统，冬奥雪上项目与大众滑雪运动这个复合系统的外部环境主要包括政治环境、经济环境、文化环境与社会环境，如图 3-1 所示。在冬奥雪上项目与大众滑雪运动复合系统发展过程中，完善的外部环境将为系统健康发展提供必要的条件保障。

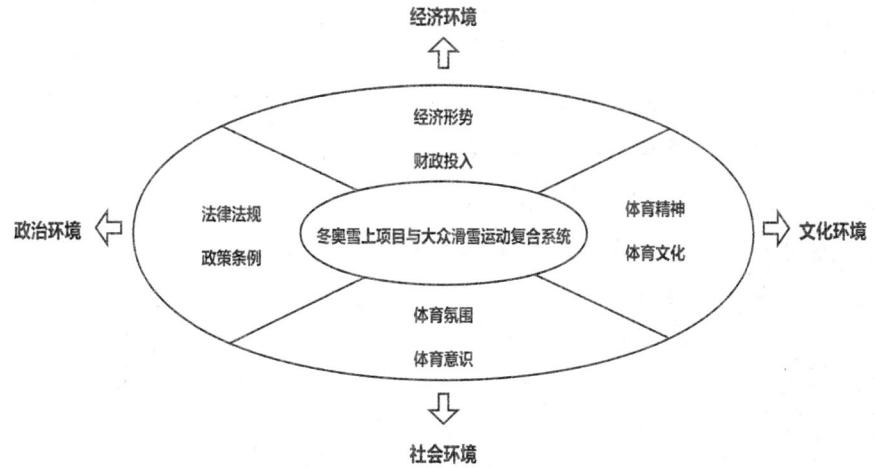

图 3-1 冬奥雪上项目与大众滑雪运动系统发展外部环境要素

政治环境是指冬奥雪上项目与大众滑雪运动发展过程中所处的外部政治形势、国家方针政策及其变化，它规定了冬奥雪上项目和大众滑雪运动两个子系统的发展方向和速度。冬奥雪上项目发展的政治环境是国家发展竞技体育理念在法律法规以及政策上的集中体现，如竞技体育的举国体制，既是国家发展竞技体育的指导理念，也是国家提升竞技体育核心竞争力的重要方针政策，正是举国体制的制度优势，使得 2022 年北京冬奥会我国冬奥雪上项目实现重大突破，国家对冬奥雪上项目发展的高度重视，包括一系列促进其竞技实力提升的重要文件的出台，都是我国冬奥雪上项目发展所处的政治环境要素体现。大众滑雪运动发展的政治环境主要是指国家发展群众体育在法律法规以及政策上的集中体现，如每年发布的全民健身计划，实施全民健身战略等。

经济环境是指冬奥雪上项目与大众滑雪运动发展过程中所处的社会经济条件，包括消费能力、消费结构、行业发展状况、城市化程度等多种要素。冬奥雪上项目发展的经济环境主要是指基于国家发展竞技体育理念的财政支持力度，大众滑雪运动发展的经济环境主要是指基于国家发展群众体育理念和经济特点的财政保障力度，以及大众滑雪运动在广大民众中的普及程度和大众滑雪运动爱好者的消费能力、消费结构等。

文化环境是指冬奥雪上项目与大众滑雪运动发展过程中所蕴含的宗教信仰、消费习俗、审美观念等要素，如冬奥雪上项目发展中所追求的更快、更高、更强、更团结的奥林匹克精神以及为国争光、无私奉献、科学求实、遵纪守法、团结协作、顽强拼搏的中华体育精神等。在大众滑雪运动层面，文化环境除了宏观层面的中华体育精神之外，还包括基于中国传统文化的冰雪特质文化等内容。

社会环境是指冬奥雪上项目与大众滑雪运动发展过程中两个子系统与公众形成的关系网络，包括社会阶层、家庭结构、风俗习惯、行为规范、生活方式等要素。冬奥雪上项目发展所处的社会环境主要指作为一种竞技体育项目，社会成员参与的意愿、参与的方式、参与的习惯等；大众滑雪运动发展所处的社会环境主要是指参与者因愉悦身心、强身健体而积极进行体育锻炼的体育意识、参与的方式与习惯等。

二、系统自组织特征分析

一个复杂系统想要实现自组织必须具备四个必要条件[①]：一是系统必须是动态的开放系统，不断地与外界环境进行物质与能量的交换；二是系统必须远离平衡态；三是系统内部要素之间存在着复杂的非线性作用；四是系统因涨落而发生突变。如果具备上述条件，则认为该系统具有自组织特征。

（一）冬奥雪上项目与大众滑雪运动系统是一个开放系统

冬奥雪上项目与大众滑雪运动复合系统是一个多层次的复杂系统，其中冬奥雪上项目系统包括了冬奥雪上项目训练子系统、人才资源子系统、场地设施子系统、组织管理子系统、服务保障子系统、不同项目子系统；大众滑雪系统包括人力资源子系统、活动组织子系统、场地设施子系统等。这个复杂系统因体育的社会性所决定，必须是开放的系统，全方位受政治、文化、社会、经济等诸多因素影响，同时还要时时与周围环境进行人力、技术、信息、资金、文化、价值等能量与物质的交换与交流，交换过程中系统因差异而产生负的熵流。系统的有序化程度取决于熵值的变化，熵值较系统熵的阈值逐渐减少，系统则不断趋于更高级的有序状态，反之则走向无序。

（二）冬奥雪上项目与大众滑雪运动系统具备远离平衡状态

冬奥雪上项目与大众滑雪运动复合系统的不平衡状态主要体现在该系统内部由于资金、技术、信息、文化等存在差异，从而导致发展水平与发展速度产生差异。冬奥雪上项目不同项目发展呈现发展水平不同状态，自由式滑雪空中技巧是我国冬奥优势项目，是唯一获得冬奥会冠军的雪上项目，可以说是一枝独秀，在世界上处于集团优势；不同地区大众滑雪运动发展水平也不尽相同，辽宁、吉林、黑龙江、河北等省份因其地域优势，大众滑雪普及水平较高，而南方有些省份因地域气候、经

①杨凤禄，徐超丽.社会系统的"自组织"与"他组织"辨析[J].山东大学学报（哲学社会科学版),2011,22(02):86-91.

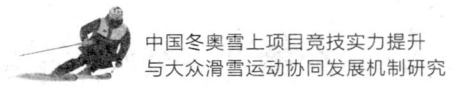

济等多种原因，大众滑雪运动发展水平不高。由此可见，无论是冬奥雪上项目，还是大众滑雪运动，系统中不平衡情况较为突出，冬奥雪上项目与大众滑雪运动复合系统远离平衡状态，而恰是这种远离平衡因素成为了系统不断向有序状态发展的推动力。

（三）冬奥雪上项目与大众滑雪运动系统内部存在着复杂的非线性活动

竞技性是冬奥雪上项目的突出特点，因此对于场地资源、教练员、运动员、科研攻关与科技服务人员等要求都比较高，关注更多的是运动技术水平的提升，目标是在国际赛场上披金夺银，彰显民族自信心和自豪感。愉悦身心、强身健体是大众滑雪运动的突出特点，对开展大众滑雪所需的场地设施、人才资源、服务保障等要求并不太高。但两者在目标上又具有一致性，随着大众滑雪运动的普及提高，为冬奥雪上项目选拔培养后备人才提供了必要准备；冬奥雪上项目水平的不断提升，也为大众滑雪运动又好又快发展提供了大量的专业人才，两者在发展中体现了高度的竞争与协作关系，各自具有本系统发展的独立属性，又具有共性，凸显了冬奥雪上项目与大众滑雪运动复合系统的多向、复杂的非线性相互作用关系。

（四）冬奥雪上项目与大众滑雪运动系统因涨落而发生突变

在冬奥雪上项目与大众滑雪运动系统中，系统内部与内部之间的交流，或者内部与外部之间的交流都是引起系统涨落的原因。对于系统内部而言，冬奥雪上项目推广力度、运动员训练比赛水平、教练员执教水平、科技服务水平都是内部的涨落因素；大众滑雪参与者滑雪积极性、滑雪社会体育指导员数量、经费数量等也是系统内部的涨落因素。对于系统外部而言，2022 年冬奥会的成功申办、"三亿人参与冰雪运动"发展目标的提出、滑雪文化的弘扬传承、经济发展水平的提升等，都是系统外部的涨落因素。上述因素引发系统涨落，进而实现由量变到质变的突变。

综上所述，冬奥雪上项目与大众滑雪运动复合系统具有自组织发展特征，为冬奥雪上项目子系统与大众滑雪子系统协同发展提供了基础。

第二节

冬奥雪上项目与大众滑雪
协同发展机制建构原则与框架

在本书第二章第二节中论证了冬奥雪上项目与大众滑雪运动协同机会四个维度内容要素，即组织管理协同、体育功能协同、资源配置协同、体育精神协同。协同发展机制建立的前提，首先要具备协同发展机会。因此，本节将以四个维度的协同机会内容要素为基础，设计冬奥雪上项目与大众滑雪运动协同发展机制框架，对协同发展机制进行具体解析，并提出协同发展机制实现的管理策略。

一、冬奥雪上项目与大众滑雪运动协同发展机制建构原则

冬奥雪上项目与大众滑雪运动协同机制是两个子系统以及各要素之间协同发展以产生协同效应的运作机理与运行方式，追求协同效应是冬奥雪上项目与大众滑雪运动两个子系统协同发展机制建构与运行的最终目标。要促使雪上运动协同系统内部环境和外部环境相互配合、协调一致，实现协同效应最大化，就必须契合冬奥雪上项目与大众滑雪运动的实践特点，按照一定原则，建构科学的协同发展机制。

（一）适应性原则

适应性原则是指冬奥雪上项目与大众滑雪运动系统在协同过程中，必须以不断变化的环境为基点，能够在动态变化的环境中做出快速、灵敏与有效的反应，不断适应环境的变化，满足环境变化对冬奥雪上项目与大众滑雪系统要求所能达到的发展水平，进而使冬奥雪上项目与大众滑雪两个子系统在不断变化的环境中保持动态稳定性，保证冬奥雪上项目与大众滑雪系统健康运行。对于冬奥雪上项目与大众滑雪运动而言，仅仅将其有利的协同要素组合起来并非就是协同机会，关键在于协同要素的组合及配置是否能适应环境变化对冬奥雪上项目与大众滑雪运动发

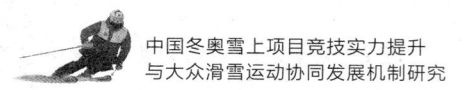
展的要求，能否推动两者的可持续发展，并维持冬奥雪上项目与大众滑雪运动系统健康有序的运转[①]。

（二）互补性原则

所谓互补性原则是指冬奥雪上项目与大众滑雪运动系统在协同过程中，要善于发掘自身资源要素与协调运作能力，在作用与优势互为补充的前提下，凭借各自优势来弥补其不足，在形成冬奥雪上项目与大众滑雪运动两个系统竞争优势的基础上，进而实现雪上运动系统整体优势的提升。冬奥雪上项目与大众滑雪运动内部各单元间的互补性，强调要素之间的衔接性、配合性以及冬奥雪上项目与大众滑雪运动管理理念、功能、组织、文化等多维度之间的互补。冬奥雪上项目与大众滑雪运动内部协同机会的识别，主要从要素的配合、流程的衔接、训练比赛单元能力的补充与获取等多角度进行判别，以冬奥雪上项目与大众滑雪运动管理目标和整体协调统一性为突破口，找出不协调环节或阻碍组织发展的制约因素，并进行改善使之互补[②]。

（三）共生性原则

"共生"原本是生物学中的概念，原意指生物与生物之间合作共存、互利互惠的关系。协同学中所指的利益共生，是指企业或协同方之间的互利共生关系。冬奥雪上项目和大众滑雪运动是滑雪运动的两个子系统，统一于建设冰雪强国总目标之中。冬奥雪上项目竞技实力的整体提升，一批批优秀雪上项目运动员通过参加世界比赛为国争光，其中彰显的更快、更高、更强、更团结的奥林匹克精神和顽强拼搏、团结协作、无私奉献的体育精神，将为大众滑雪运动参与者提供充足的文化和精神土壤，极大地促进大众滑雪运动普及水平的提升。同时，随着大众滑雪运动意识和普及程度的提高，也必将为冬奥雪上项目提供充足的竞技后备人才的储备，进而为冬奥雪上项目保持可持续竞争优势提供有力支撑。

①② 潘开灵主编 . 管理协同理论及其应用 [M]. 北京：经济管理出版社 ,2016:299，301.

二、冬奥雪上项目与大众滑雪运动协同发展机制框架设计

根据冬奥雪上项目与大众滑雪运动协同发展机制的建构原则，结合第二章第二节论及的冬奥雪上项目与大众滑雪运动协同机会内容要素，本书把冬奥雪上项目与大众滑雪运动协同发展机制分为组织管理协同机制、体育功能协同机制、资源配置协同机制、体育精神协同机制四个部分，四种机制共同作用于冬奥雪上项目与大众滑雪运动两个子系统，以促进冬奥雪上项目竞技实力提升与大众滑雪运动协同发展。与此同时，系统内外部信息、文化之间的交流，将使子系统之间相互作用，引起系统涨落，促使冬奥雪上项目与大众滑雪两个子系统之间从无序变为有序，再从有序转化为更高级的有序形态，从而完成降低协同发展阻力，提高协同发展的最终目标。基于此，建构了冬奥雪上项目与大众滑雪运动协同发展机制框架，展示了四种机制的作用及运行过程，如图 3-2 所示。

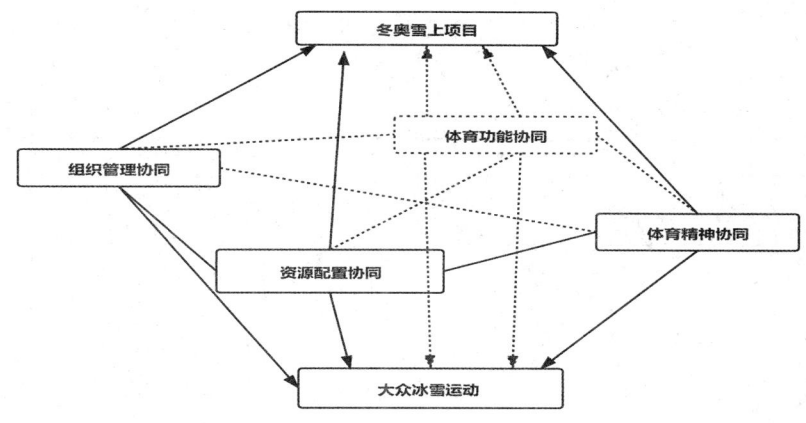

图 3-2 冬奥雪上项目与大众滑雪运动协同发展机制框架

第三节

冬奥雪上项目与大众滑雪
协同发展子系统作用机制分析

冬奥雪上项目与大众滑雪运动作为滑雪运动的两个子系统，两者相互影响、相互渗透、相互制约、相互促进、相互依赖。两者以相互作用要素为基础，以第二章第二节论及的组织管理协同、体育功能协同、资源配置协同、体育精神协同四维度协同机会要素为载体，促使冬奥雪上项目与大众滑雪运动协同发展，产生 1+1>2 的整体协同效应，推动冬奥雪上项目与大众滑雪运动复合系统健康可持续发展。冬奥雪上项目与大众滑雪运动相互作用机理如图 3-3 所示。

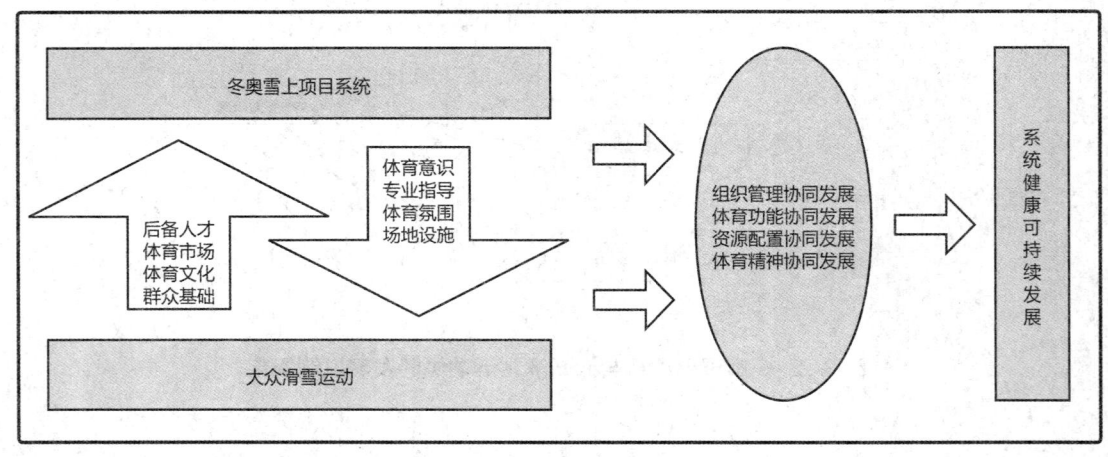

图 3-3 冬奥雪上项目与大众滑雪运动相互作用机制

一、冬奥雪上项目系统对大众滑雪运动系统作用机制分析

（一）冬奥雪上项目对大众滑雪运动发展具有引导作用

冬奥雪上项目属竞技体育范畴，在冬奥雪上项目开展过程中因其具有竞争性、挑战性，使得冬奥雪上项目具有较高的观赏价值；同时，冬奥雪上项目运动员通过紧张的比赛训练过程，还可以缓解生活压力所带来的困境。冬奥雪上项目上升到国家层面时，又具有民族主义意义，运动员通过国际赛场的争金夺银，极大地振奋民族精神，产生民族自豪感和自信心。通过冬奥雪上项目开展，可以帮助人们更加深刻理解体育的内涵和实质，从而提升人们参与体育锻炼的热情，增强体育意识。因此，冬奥雪上项目为大众滑雪运动提供了一个良好的宣传平台，对大众滑雪运动的普及提高发挥较好的引导作用。

（二）冬奥雪上项目强化了全社会对大众滑雪的参与意识

一场盛大的冬奥雪上项目比赛，因其具有较高观赏性、娱乐性而吸引人们的注意力，人们在欣赏比赛过程中同时也加深了对冬奥雪上项目的理解与认识，从而对项目本身产生浓厚兴趣，这对广大民众参与体育运动将产生巨大冲击力，加大了群众对于参与大众滑雪运动的渴求。冬奥雪上项目自身所具有的特殊生命力、感染力、吸引力，特别是精彩绝伦的冬奥雪上项目比赛，无疑对于提升人们参与大众滑雪运动的意愿具有无可替代的助推作用。

（三）冬奥雪上项目发展为大众滑雪运动提供专业化指导

人力资源是一个系统发展中最具主观能动性的核心要素，对于系统整体发展的作用至关重要。冬奥雪上项目作为竞技体育的一种类型，其发展过程中需要运动员、教练员、裁判员、科研攻关与科技服务人员、项目管理人员等诸多人力资源予以保障。冬奥雪上项目发展所需的上述人力资源都具备良好的专业知识和丰富的雪上项目实践经验。在项目发展过程中，人力资源也需要更新换代，其中许多运动员、教练员、科技服务人员会退役或转业，这些优秀的专业人才将成为大众滑雪运动发展过程中最重要的人力资源支撑。

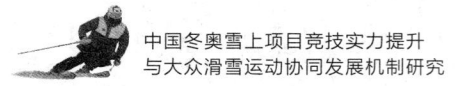

（四）冬奥雪上项目发展将为大众滑雪运动提供场地设施支撑

冬奥雪上项目训练与比赛对场地设施要求较高，要发展冬奥雪上项目就必须建设一批符合国际比赛标准的场地设施。这些高质量建设的雪上项目基础设施，赛后将成为大众滑雪运动的主阵地，极大地改善了大众滑雪运动发展所需的硬件环境。场地设施条件的改善和数量的增多，也将在一定程度上激发群众参与大众滑雪的激情，提升其体育意识和参与体育活动的自信心，从而促进大众滑雪发展水平的提升。

二、大众滑雪运动系统对冬奥雪上项目系统作用机制分析

（一）大众滑雪运动发展可为冬奥雪上项目提供人力资源

随着经济社会的不断发展和人们生活水平的不断提升，人们主动健身和休闲意识不断增强，如何利用闲暇时间进行科学健身和愉悦身心，成为人们提升幸福感首要解决的问题。大众滑雪运动属于群众体育范畴，它的发展为冬奥雪上项目发展提供更多的资源，一方面，可以提供冬奥项目发展所需的运动员、教练员、裁判员、科研人员等人力资源；另一方面，还可以为冬奥雪上项目比赛提供大量的观众支持，让冬奥雪上项目比赛变得更加盛大热烈，同时还可以增加体育消费人群，从而促进冬奥雪上项目发展水平的提升。

（二）大众滑雪运动发展为冬奥雪上项目储备优秀后备人才

冬奥雪上项目是我国发展较为薄弱的冬季项目，近年来以自由式滑雪空中技巧为代表的个别项目发展较快，已获得具有国际一流水准的集团优势。要实现冬奥雪上项目的可持续发展，关键在于结构合理的优秀后备人才梯队。随着大众滑雪运动的发展，滑雪运动将成为更多人群休闲健身的最佳选择，尤其是青少年参与大众滑雪人群数量的不断增多，将会涌现更多的具有发展潜力的冬奥雪上项目优秀后备人才，为冬奥雪上项目发展提供充分的可持续人力资源保障，这是提升冬奥雪上项目综合竞技实力的现实要求。

（三）大众滑雪运动发展促进冬奥雪上项目特色文化形成

大众滑雪运动作为群众体育的重要组成部分，本身也是一种社会文化现象，人们在参与大众滑雪运动过程中，形成了具有大众滑雪特征的亚文化。它不仅具有滑雪文化中寻求刺激、挑战自我、自然和谐等独特的文化特点，也彰显着社会主义核心价值观的内容。这些独有的滑雪文化被广大滑雪运动爱好者通过亲身参与滑雪实践所认同并传承，并对冬奥雪上项目参与者产生深刻影响。因此，独具特色的大众滑雪文化作为体育文化的重要内容，对形成以中华体育精神为核心的冬奥雪上文化，具有重要的无可替代的推动作用。

（四）大众滑雪运动的普及提高将会拓展冬奥雪上项目市场

大众滑雪运动的发展需要强有力的市场助推，冬奥雪上项目也同样需要市场提供强大的经济支撑。随着"三亿人参与冰雪运动"发展目标的提出，大众滑雪运动得到飞速发展，人民群众在雪上运动的消费支出正逐年攀升，更是催生了诸多滑雪经济新模式，以滑雪为引领的度假休闲综合体备受青睐。大众滑雪产业的迅速发展大大提升了人们参与观看比赛，进行体育消费的热情，更多的体育企业开始致力于冬奥雪上项目所需设施与装备的研发制造，为拓展冬奥雪上项目，拓展市场提供强大的发展引擎。

第四节

冬奥雪上项目与大众滑雪运动
协同发展运行机制分析

冬奥雪上项目与大众滑雪系统由运动员、教练员、裁判员、科研攻关与科技服务人员、负责项目管理的体育行政部门人员、直接参与大众滑雪运动的相关人员、组织与指导大众滑雪运动的相关人员、开展大众滑雪运动所需的场地设施等相关主体构成。该复合系统在两个子系统的相互作用下形成，具有开放性、不平衡性以及非线性涨落的自组织特点。冬奥雪上项目与大众滑雪系统之间的主体要素之间不断地相互竞争而后又相互协作，因具有协同机会最终实现协同发展。两者协同发展过程中，既有动力因素，也有阻力因素，从冬奥雪上项目与大众滑雪系统协同发展的机理入手，深入分析二者协同发展过程中的动力因素与阻力因素，这也是揭示系统之间运行复杂相互关系的客观要求。

一、冬奥雪上项目与大众滑雪运动协同发展驱动机制分析

（一）内驱力——系统相关主体对核心资源配置的内在需求

在冬奥雪上项目与大众滑雪运动子系统发展过程中，资源配置效率在一定程度上决定了系统发展水平。无论是冬奥雪上项目，还是大众滑雪运动，在政策支持、经费配备、市场资源、基础设施、人力资源等诸多方面追逐目标是一致的。冬奥雪上项目要提升总体竞技实力，需要政府、社会在上述资源配置方面给予大力支持。同时，大众滑雪运动的普及提高，也需要在经费支持、政策支持、基础设施、人力资源等方面获得充分保障，这是两个子系统获得发展的必备条件。基于此，两者相关主体对上述核心资源配置追逐目标的一致性和可能性，成为冬奥雪上项目与大众滑雪两个子系统协同发展的重要内驱力。

（二）外驱力——冰雪强国建设对系统协同发展的客观要求

冰雪强国是体育强国建设的重要内容。建设冰雪强国既要考虑竞技体育综合实力提升问题，也要考虑群众体育发展水平问题，也就是说，既需要冬奥雪上项目综合竞技实力领跑世界，更需要大众滑雪运动总体发展水平的不断提升，建设冰雪强国两者缺一不可。因此，从这个角度考量，建设体育强国作为实现中国梦的重要内容，政府必将承担重任。政府要为冬奥雪上项目和大众滑雪运动发展提供政策支持、资源保障，

同时还要规范和指导冬奥雪上项目与大众滑雪运动发展方向，以促使冬奥雪上项目与大众滑雪运动协同发展，共同提升发展水平，这也是建设冰雪强国对系统发展提出的客观要求。

二、冬奥雪上项目与大众滑雪运动协同发展阻滞机制分析

（一）冬奥雪上项目与大众滑雪运动发展水平不平衡

冬奥雪上项目属竞技体育范畴，大众滑雪运动则属群众体育范畴。我国竞技体育实施举国体制，其优势在于可以集中有限资源快速提升运动项目竞技实力。随着 2022 年北京冬奥会的成功申办，办好这届冬奥会，需要冬奥雪上项目在奥运赛场上争金夺银，为国争光。近几年来，冬奥雪上项目发展迅速，我国将在 2022 年参加冬奥会 4 个大项、9 个分项的全部雪上项目比赛，在自由式滑雪空中技巧、单板 U 型槽等项目上体现了较强的竞技实力，特别是自由式滑雪空中技巧项目已经形成集团优势，展示出冬奥雪上项目的较高竞技水平。大众滑雪运动与冬奥雪上项目相比，近几年虽发展迅速，滑雪人群基数不断扩大，但在滑雪指导员数量、经费配置、滑雪场等基础设施方面还存在一定的不适应问题，成为冬奥雪上项目与大众滑雪协同发展的重要阻滞因素。

（二）冬奥雪上项目与大众滑雪运动发展的文化冲突

冬奥雪上项目作为竞技体育的一种形态，所体现的文化内涵主要是更快、更高、更强的奥林匹克精神以及多年形成的中华体育精神，文化立意格局高远，把升国旗、奏国歌、为国争光、振奋民族精神、增强民族自豪感作为重要建设目标。大众滑雪运动是群众体育的一种形态，滑雪参与者更多地关注身心愉悦、强身健体，在锻炼中寻求精神放松，追求刺激和自我挑战，这些内容虽有一些体育理想、体育意识与冬奥雪上项目有相近之处，但因其群众体育的属性，在文化内涵上必然体现各自不同特点。因此，在社会主义核心价值观引领下文化内核基本一致，但由于冬奥雪上项目与大众滑雪运动各自的体育形态不同、构成要素不同，

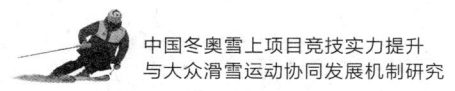
必然使两者在部分文化内容上产生冲突，从而成为冬奥雪上项目与大众滑雪运动两者协同发展的又一阻滞因素。

（三）冬奥雪上项目与大众滑雪运动发展外部环境不一致

第三章第一节已经阐述了冬奥雪上项目与大众滑雪运动发展所处的四个外部环境：政治环境、经济环境、社会环境、文化环境。在滑雪运动发展过程中，冬奥雪上项目发展依靠的是举国体制，其承担的任务是为国争光；大众滑雪运动发展依靠的是人们体育意识及健康意识的不断增强、生活水平的不断提升和闲暇时间的不断增多。在经济环境方面，冬奥雪上项目发展绝大多数依靠国家财政，在经费支持等方面较为充分；大众滑雪运动则不然，其发展所需经费筹集主要以国家财政、社会资助、企业共建等形式，进行多渠道支持。在社会环境方面，冬奥雪上项目因其承担着为国争光的重要任务，备受社会关注，在信息获得、技术研发等方面都要优于大众滑雪运动；大众滑雪运动则更多地依靠人们健身意识和健康意识的不断增强，营造大众滑雪的社会参与氛围，体现出群众自觉和社会自觉。在文化环境方面，冬奥雪上项目追求更快、更高、更强、更团结的奥林匹克精神；大众滑雪运动则追求身心愉悦、强身健体、刺激挑战，与前者相比，更具个体属性。由此可见，外部环境的不一致性导致系统协同过程缓慢，阻碍冬奥雪上项目与大众滑雪运动的有效协同。

第五节

冬奥雪上项目与大众滑雪运动协同发展机制内容要素分析

根据第三章第二节建构的冬奥雪上项目与大众滑雪运动协同发展机制框架，结合冬奥雪上项目与大众滑雪运动协同机会内容结构模型，本节对冬奥雪上项目与大众滑雪运动协同发展机制的内容要素进行讨论与分析。

一、组织管理协同机制分析

组织管理是指有效配置组织内部的有限资源，为实现共同目标，按照一定的规则和程序，确保以最高效率实现组织目标的各项活动[①]，本书的组织管理协同是指我国冬奥雪上项目与大众滑雪运动在各自组织管理过程中相关内容要素产生的协同，主要包括发展政策协同、保障机制协同、组织结构协同、项目规则协同等内容。

（一）发展政策协同分析

冬奥雪上项目与大众滑雪运动的发展政策协同是两者组织管理协同的基础要素，也是促进我国滑雪运动蓬勃发展的基础。随着 2022 年北京冬奥会的申办成功，特别是"三亿人参与冰雪"国家战略的提出，国家层面从冬奥雪上项目和大众滑雪运动发展两个维度相继出台了《关于以北京冬奥会为契机大力发展冰雪运动的实施意见》《冰雪运动发展规划（2016—2025）》《2022 年北京冬奥会参赛实施纲要》《2022 年北京冬奥会参赛服务保障工作计划》《"带动三亿人参与冰雪运动"实施纲要（2018—2022）》《冰雪运动进校园行动计划》等指导性文件，其初衷是为了使冬奥雪上项目与大众滑雪运动两者之间互相促进、共同提高，但就目前执行来看，举国体制下的竞技滑雪，也就是冬奥雪上项目发展的支持政策，其力度之大显而易见；相对于竞技滑雪，大众滑雪运动的发展更多地从教育部推进冰雪运动进校园的角度予以推进，或者通过扩大冰雪运动设施（滑雪场）规模，或者通过宣传参与冰雪运动的健康方式提升广大民众的参与意识，以此来促进大众滑雪发展。冬奥雪上项目与大众滑雪运动两者的发展政策协同效应不高，根本原因在于两点：一是两者如何建立有效的政策联动运行机制，实现互为促进、互为提高的初衷；二是各级政府在促进大众滑雪发展方面主要依靠商业自身投入，扶持政策跟进不够，这些也恰是提高冬奥雪上项目与大众滑雪发展政策协同效应的关键之所在。

[①] 陈树文.组织管理学[M].大连：大连理工出版社,2005:6-7.

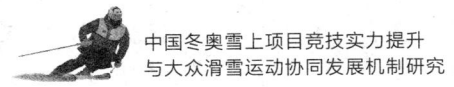
（二）保障机制协同分析

冬奥雪上项目与大众滑雪保障机制协同是促进滑雪运动发展水平全面提升的必备基础。随着我国冬奥雪上项目的快速发展，将带动更多的人群参与到滑雪运动中，群众广泛参与滑雪运动需要国家制定包含科技、保险、救助、补贴等方面的保障机制。举国体制背景下，冬奥雪上项目发展所依赖的科技、保险、救助、补贴等方面保障机制已经比较完善。相对而言，大众滑雪运动发展应具备的有关保障机制相对缺失，特别是在促进大众滑雪运动发展所需的雪场医疗救助机制、运动损伤保险机制等方面缺失严重，国家及地方政府应从战略的高度，在促进冬奥雪上项目与大众滑雪协同发展所需保障机制各方面，加强协同举措，特别是要借鉴冬奥雪上项目发展的保障机制做法，加大对大众滑雪运动的各方面保障投入，以更好地促进两者共同发展，为建设冰雪强国提供必要的支撑和保障。

（三）组织机构协同分析

冬奥雪上项目与大众滑雪运动的组织机构协同是我国滑雪运动健康有力发展的助推器。目前，负责我国冬奥雪上项目发展的组织机构是各级体育主管部门的冬季运动管理中心，承担冬奥雪上项目运动员培养、教练员选拔、组织参赛等任务；大众滑雪运动普及提高工作由各级体育行政主管部门负责群众体育、教育行政主管部门负责体育工作的各部门，以及各类滑雪培训机构组织实施，主要承担大众滑雪所需滑雪指导员及各类管理人员培训、制订大众滑雪和雪场设备技术标准、指导雪场经营、组织大众滑雪比赛等任务。要实现冬奥雪上项目与大众滑雪运动的协同发展，在组织架构不尽相同的前提下，尽可能在组织机构职责方面相协同，同时还要建立多部门联动机制，从而使组织结构协同效应达到最大化。

（四）项目规则协同分析

冬奥雪上项目与大众滑雪运动的项目规则协同是实现共享的具体手段，两者协同具体体现在共享技术规范和裁判规则上，项目规则协同是冬奥雪上项目与大众滑雪两个子系统同属滑雪运动总系统的根本属性。尽管冬奥雪上项目与大众滑雪技术标准方面会有难易之分，不尽相同，但毋庸置疑，冬奥雪上项目的技术规范是制订大众滑雪运动技术规范的基础，大众滑雪以冬奥雪上项目的技术规范和裁判规则为统领。冬奥雪上项目比赛的举办规程是大众滑雪赛事的标准，而大众滑雪技术和裁判水平的提高能够反作用于冬奥雪上项目，促进竞技滑雪技术难度的提升和裁判规则的日臻完备。

二、体育功能协同机制分析

杨文轩教授等在《体育概论》中将体育功能划分为以下七类：健身功能、娱乐功能、社会化功能、情感功能、教育功能、政治功能和经济功能 [①]。结合我国冬奥雪上项目与大众滑雪运动的特点，本书将择其要从健身功能、娱乐功能、教育功能、经济功能等四个方面具体论述两者体育功能协同机制。

（一）健身功能协同分析

我国冬奥雪上项目与大众滑雪运动的健身功能协同是提高人们身体素质的有效方式。竞技滑雪与大众滑雪作为冬季体育项目，能够很好地促进参与者身体健康，提高参与者身体素质，这是体育健身功能的体现。寒冷的冬季限制了人们的活动范围，减少身体活动。而通过观赏竞技滑雪比赛，调动大众参与雪上运动的积极性，丰富冬季户外活动，在冰天雪地里享受充满趣味性、挑战性的运动大大丰富了人们的冬季活动。大众参与滑雪项目的积极性不断提高，会极大提升雪上项目后备人才的储备，特别是具备优秀身体素质的青少年，是冬奥雪上项目发展的未来。

（二）娱乐功能协同分析

我国冬奥雪上项目与大众滑雪运动的娱乐功能协同是滑雪运动的本质体现。无论是冬奥雪上项目还是大众滑雪运动都能够有效地调节人体

[①] 杨文轩,陈琦.体育概论 [M].北京：高等教育出版社,2013:35-50.

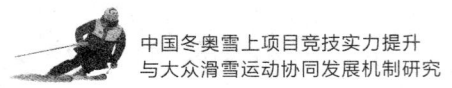
的紧张情绪、缓解压力促进心理健康。运动能使人快乐，驰骋于冰天雪地之间，冬奥雪上项目与大众滑雪运动会使人在运动过程中享受速度带来的快感，释放紧张学习、工作带来的压力。同时竞技滑雪和大众滑雪运动使参与者有了分享滑雪经验、交流滑雪技巧的机会，有利于人们拓展交际，加深感情，更多地带给人精神上的享受，这是冬奥雪上项目和大众滑雪运动娱乐功能最好的体现。

（三）教育功能协同分析

我国冬奥雪上项目与大众滑雪运动的教育功能协同是推广雪上项目的重要途径。冬奥雪上项目对提高大众滑雪运动专业认知水平起主导作用，大众滑雪者通常不具备与竞技滑雪运动员等同的技术水平，对滑雪运动内涵的认知也相对较低。冬奥雪上项目与大众滑雪的教育功能协同能够有效传播滑雪专业知识共享，加深大众对滑雪项目的内涵认识，学习冬奥雪上项目运动员的行为规范，领会滑雪项目蕴含的精神。滑雪运动不同于其他运动，由于运动幅度较大、滑行速度较快，造成运动损伤的概率较其他项目相对较高。冬奥雪上项目的专业指导能够使得参与者在运动过程中科学运动，形成良好的运动行为习惯，保证运动安全。安全地享受滑雪带来的快乐，能够培育更多的雪上项目爱好者，促进冬奥雪上项目大赛等活动的推广。

（四）经济功能协同分析

我国冬奥雪上项目与大众滑雪运动的经济功能协同是促进经济发展的有效措施。冬奥雪上项目赛事的举行，带动相关产业经济，能有效促进地方经济的发展。大型冬奥雪上项目赛事的举办不仅能够提高大众雪上项目的参与率，也可以助力大众滑雪朝着市场化、专业化与产业化飞速发展。随着2022年冬奥会申办成功以及三亿人参与滑雪运动纲要的实施，绿色健康的滑雪产业势必成为我国经济发展的新的增长点。

三、体育资源配置协同机制分析

资源是社会发展的基本物质条件，是指社会经济活动中人、财、物的综合。资源配置指的是对稀缺的资源在不同的用途上比较做出的选择。

由于社会经济的发展，人们的需求能力加强，资源的稀缺性使得资源变得稀缺，这时就需要对资源进行合理配置。资源配置合理与否，对一个国家经济发展的成败有着极其重要的影响[①]。有效的资源配置协同是冬奥雪上项目与大众滑雪运动共同发展最基础的保障，也是冬奥雪上项目与大众滑雪运动综合实力的体现。

（一）人力资源协同分析

我国冬奥雪上项目与大众滑雪运动人力资源协同是滑雪运动发展的人才保障。冬奥雪上项目与大众滑雪运动过程中所需要的运动员、教练员、管理人员、滑雪场经营者、滑雪爱好者、观众等人力资源方面可以协同共享。冬奥雪上项目给大众滑雪运动提供了大量的运动员、教练员，给大众滑雪运动带来了更加专业的指导。大众滑雪运动给冬奥雪上项目带来更多的观众，观众的热情与对项目的关注大大促进了运动员对赛事的热情，使得冬奥雪上项目参与者更加专注比赛，积极争取荣誉。大众滑雪运动的发展使爱好滑雪、参与滑雪的人增多，保障了冬奥雪上项目后备人才的发展。

（二）场地设施协同分析

我国冬奥雪上项目与大众滑雪运动的场地设施协同是滑雪运动发展的硬件保障。冬奥雪上项目与大众滑雪运动在场地、设施、滑雪装备上协同共享，可以更好地促进资源的共享。随着大众滑雪运动人群的增多，人们对滑雪场地设施的要求就会变高。现在滑雪场的场地设施越来越满足不了人们对滑雪场地设施的需求。冬奥雪上项目的训练场地设施、滑雪装备由于竞赛的需要变得专业性更强，所用的场地设施也相对完善。这使得大众对场地设施也有趋同性。同样两者的协同发展会促进滑雪场数量增多，场地设施、滑雪装备趋于完善。

----

① 360 百科 . 资源配置 [EB/OL].
　https://baike.so.com/doc/78721-83080.html,2012-10/2018-11.

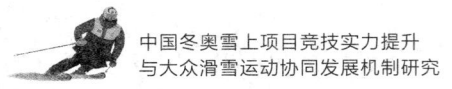
（三）运动技能协同分析

我国冬奥雪上项目与大众滑雪运动技能协同是滑雪运动技能共享的体现。冬奥雪上项目所掌握技能会带给大众滑雪运动更多指导经验。滑雪运动在滑雪过程中所掌握的技能是在冬奥雪上项目最基础的训练过程中总结出来的。大众需要利用这些技能进行滑雪，虽然达不到冬奥雪上项目运动员的技能水平，但是只有掌握这些技能，才能保证动作的完整性，从而避免操作不当造成的损伤。同样大众滑雪运动在掌握滑雪技能过程中，促进滑雪运动技能的普及，培养大众滑雪人群对滑雪项目的热情。大众滑雪坚实的群众基础能够培养优秀人才参与到新的冬奥雪上项目中，实现我国冬奥雪上项目全项目参赛，实现习近平总书记提出的"办赛精彩，参赛出彩"的总目标，促进雪上项目的快速发展。

（四）赛事经验协同分析

我国冬奥雪上项目与大众滑雪运动赛事经验协同是滑雪运动赛事经验共享的方式。冬奥雪上项目与大众滑雪运动在举办赛事方面可以相互借鉴，随着参与大众滑雪运动人群的增多就会产生对大众赛事的需求，在举办大众赛事的过程中就会参考冬奥雪上项目举办赛事的经验、动作、裁判员、规则。经验的借鉴使得大众赛事举办得更加专业化，同样大众滑雪赛事的成功举办也会促进冬奥雪上项目赛事过程中所需的工作人员达到共享，减少培训的时间，实现赛事经验的共享。

（五）经费配置协同分析

我国冬奥雪上项目与大众滑雪运动经费配置协同是经费共享的措施。我国冬奥雪上项目与大众滑雪运动经费配置协同就是国家、各省市及社会团体在经费投入方面的协同共享。国家对冬奥雪上项目经费的投入一部分用于滑雪场地设施，一部分用于科学技术的投入。这两方面的投入对大众滑雪运动来讲都是可以实现共享的。场地设施的投入会使得滑雪场地设施变得更加完善；技术方面的投入会使得这项滑雪运动越来越科学化，使得这项运动避免更多大众损伤的出现，同样会给大众滑雪运动带来更多的技术支持。

（六）市场推广协同分析

我国冬奥雪上项目与大众滑雪运动市场推广协同是滑雪产业发展的必然途径。我国冬奥雪上项目与大众滑雪运动两者在市场开发、项目推广、宣传媒介、品牌打造等方面都可以实现协同共享。冬奥雪上项目作为大众滑雪运动的宣传媒介，引领大众滑雪人群参与滑雪运动，可以吸引大量的赞助商对雪上项目的投入。市场的开发与项目的推广会促进大众滑雪运动的发展，两者在发展过程中也会促进滑雪品牌的形成。

四、体育精神协同机制分析

体育精神是体育实践中提炼出来的一种被社会大众所认可的积极向上的思想观念、理想精神。学者吴姜月等从体育的本质属性阐述了体育精神的结构：一是根据体育的竞争性特点，构建体育的竞争与超越精神，具体内容为"超越自我""超越对手""超越极限"的价值观念，以及"顽强拼搏、追求卓越""坚持到底，永不放弃""承受挫折，胜不骄、败不馁""敢于挑战，敢于尝试"等行为规范；二是根据体育的规则性特点，构建体育公平竞赛的精神，具体内容为"遵守规则""尊重对手""尊重裁判""光明磊落进行比赛"的价值观念及行为规范[1]。

（一）体育道德协同分析

我国冬奥雪上项目与大众滑雪运动体育道德协同是滑雪运动得以发展的条件。冬奥雪上项目与大众滑雪运动参与者在公平竞赛、尊重对手、尊重规则、公正裁判等体育道德方面可以协同共享，冬奥雪上项目参与者在参与滑雪过程中的公平竞赛道德、尊重规则道德同样也会影响大众滑雪运动的人群；同样，大众滑雪运动的人群中产生的后备人才，在最

---

① 黄喆 . 体育精神研究述评 [J]. 运动 ,2018(12):132−133.

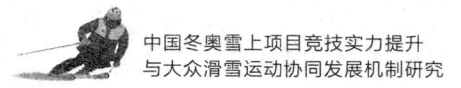
初阶段就会有道德意识，会反作用于冬奥雪上项目，促进冬奥雪上项目运动员在训练比赛过程中充分体现高尚的体育道德。

（二）体育意识协同分析

我国冬奥雪上项目与大众滑雪运动的体育意识协同是滑雪运动得以推广的前提。冬奥雪上项目与大众滑雪运动两者的参与者主动关注滑雪运动，以及主动参与滑雪运动意愿等体育意识方面可以协同共享。冬奥雪上项目通过自身的魅力吸引大众参与滑雪运动，随着主动参与滑雪运动人群的增多，就会带动更多人关注冬奥雪上项目，促进参与意识协同，推动滑雪运动发展。

（三）体育理想协同分析

我国冬奥雪上项目与大众滑雪运动体育理想协同是滑雪运动最终目标的体现。首先冬奥雪上项目最终目的是践行更快、更高、更强的奥林匹克精神。当大众滑雪运动发展到一定程度，人们也会追求更快、更高、更强的奥林匹克精神。其次，冬奥雪上项目在比赛过程中就会产生身心统一、挑战自我、不畏强手、不怕困难、为国争光的理想。最后，冬奥雪上项目在比赛过程中通过披金夺银、升国旗、奏国歌，振奋民族精神，增强民族自豪感和自信心，这是体育理想在滑雪项目上的具体体现。

第六节

冬奥雪上项目与大众滑雪运动
协同发展机制实现的管理策略

要发挥冬奥雪上项目与大众滑雪运动两个子系统1+1>2的协同效应，就必须在清晰识别两者协同机会的基础上，采取有效管理策略，保证冬奥雪上项目竞技实力提升与大众滑雪运动协同发展机制顺利实现。

一、强化组织管理协同，促进雪上运动均衡发展

国家体育总局及各省市体育局是代表政府主管体育事业发展的行政部门，其内部管理冬奥雪上项目发展和大众滑雪运动发展的部门不尽一致，如国家体育总局具体负责冬奥雪上项目发展的是冬季运动管理中心，竞技体育司负责宏观管理，负责大众滑雪运动开展的是群体司，经济司、科教司从经费配置、人力资源配置等方面予以协助，同时群体司还要协助教育部体卫艺司开展校园冰雪运动，财政部等相关国家机关在大众滑雪所需经费资源等方面也发挥重要作用。由此可见，要实现冬奥雪上项目与大众滑雪运动协同发展，就必须强化政府层面的组织管理协同，在政策制定、经费保障、机构设置、项目规则等方面统筹考虑，既要保障承担奥运争光任务的雪上项目发展所需，也要充分考虑实现"三亿人参与冰雪运动"发展目标的客观需求，通过单独设置综合协调机构、均衡政策引领、健全保障机制等多种举措，保证冬奥雪上项目与大众滑雪运动协同效应的充分体现，从而实现两者均衡发展、协同发展的共同目标。

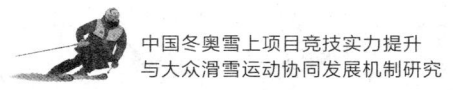
二、完善体育功能协同，全面服务体育强国战略

要进一步夯实冬奥雪上项目和大众滑雪运动的多维体育功能，以助力国民体质健康、培养青少年意志品质与道德修养、促进体育产业转型升级为载体，全面服务体育强国国家战略。冬奥雪上项目与大众滑雪运动在健身功能、娱乐功能、教育功能、经济功能等体育功能方面具有协同机会，实现体育强国目标，既需要冬奥雪上项目竞技实力勇攀世界竞技体育高峰，也需要以蓬勃发展的群众体育提升全民族身体素质，更需要以高质量体育产业为载体促进经济发展水平的不断提升。要充分发挥冬奥雪上项目优秀运动员的示范引领效应，吸引更多的滑雪人群参与体育锻炼，促进国民体质健康水平的不断提升，彰显雪上运动健身功能。要鼓励青少年积极参与到滑雪运动之中，在获得教育和知识与技能的同时，锤炼个人意志和思想品德，使体育的教育功能实现最大增值。要全面有效整合相关资源，统筹设计冬奥雪上项目赛事和大众滑雪产业协同发展实施方案，主动拉长冰雪产业链，建设以冰雪为核心的休闲综合体，让"冰雪＋产业"成为促进我国体育产业转型升级的重要引擎。

三、优化资源配置协同，推动滑雪运动高质量发展

资源配置是实现我国滑雪运动高质量发展的关键要素。要基于组织管理协同基础上，建立健全冬奥雪上项目与大众滑雪运动相贯通的资源配置协同和保障机制，在人力资源、场地设施、运动技能、赛事经验、经费配置、市场推广等方面，在识别协同机会基础上，采取切实有效举措，为推动滑雪运动高质量发展提供充分的资源保障。

要进一步推广校园冰雪运动，为冬奥雪上项目发展选育优秀后备人才；完善冬奥雪上项目优秀运动员退役保障制度，在退役从业岗位选择、社会活动设计等方面充分考虑大众滑雪运动普及等因素，发挥冬奥雪上

项目参与者的体育专长，为大众滑雪运动发展提供人力资源保障。建立冬奥雪上项目与大众滑雪运动场地建设、使用、管理协同机制，统筹规划基于互通互用的建设、赛后（日常）使用和管理协同方案。基于冬奥雪上项目开展情况，在已有高山滑雪项目基础上，研发其他项目青少年训练教学大纲、技术等级标准体系、社会体育指导员培训教材，促进冬奥雪上项目与大众滑雪运动参与者运动技能的协同发展。建立我国雪上运动赛事管理专家库，征集并出版赛事举办经验典型案例集，分类别、分层次开展雪上项目赛事，举办培训活动，最大限度实现冬奥雪上项目与大众滑雪运动赛事经验的协同共享。政府层面要强化经费的统筹使用，基于冬奥雪上项目与大众滑雪运动发展目标和阶段任务，建立健全经费预算机制，切实提升经费使用效益。打通冬奥雪上项目与大众滑雪运动赛事共享壁垒，建立市场推广共享机制；发挥退役专业运动员、教练员优势，提升滑雪技术指导专业化水平，建立具有较高水准的大众滑雪指导员培训体系，持续扩大冰雪经济发展的市场空间，促进冬奥雪上项目与大众滑雪运动在市场推广维度上的有效协同共享。

四、促进体育精神协同，弘扬中国优秀体育文化

尽管冬奥雪上项目与大众滑雪两个子系统在体育精神内容上有所不同，但两者在社会主义核心价值观、奥林匹克精神等方面是一致的。建立具有滑雪运动特点的体育基本道德规范，帮助滑雪运动参与者树立正确的体育观，要进一步突出冬奥雪上项目优秀运动员的引领示范效应，激发群众的滑雪热情和参与滑雪意愿，在全社会营造体育氛围，不断扩大大众滑雪锻炼人群基数，提升全民体育意识水平。根据身心一统、挑战自我、不畏强手、不怕苦难的雪上项目特点，探索建立我国雪上优势项目发展文化精神谱系。树立优秀运动员典型，积极宣传冬奥雪上项目，

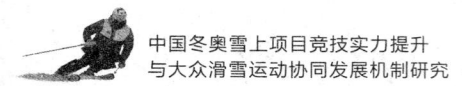
通过参与国际大赛所体现的为国争光、振奋民族精神、增强民族自豪感的体育理想，促进广大滑雪运动参与者的广泛认同。大力弘扬以中华体育精神和奥林匹克精神为核心的中国优秀体育文化，为促进冬奥雪上项目与大众滑雪运动协同发展提供不竭精神动力。

　　以上从冬奥雪上项目与大众滑雪运动协同发展机制内容要素四个维度，从宏观层面提出了冬奥雪上项目与大众滑雪运动协同机制实现的管理策略，对于地方政府制定冬奥雪上项目与大众滑雪运动高质量发展政策具有一定参考价值和指导意义。

第四章

冬奥雪上项目与大众滑雪运动协同效应评价

　　协同效应是一种物理化学现象，也叫做增效作用，是指将两种或两种以上的组分相加或调配在一起，所产生的作用大于各种组分单独应用时作用的总和，即1+1应大于2。20世纪70年代，德国物理学教授赫尔曼·哈肯首次提出了协同的概念，并于1976年正式提出协同理论，他认为在人们的生活环境中，各个系统之间存在着相互作用、相互合作的关系。社会现象亦如此，我们可以把我国冬奥雪上项目和大众滑雪运动看作是冰雪强国大系统中两个子系统，两者相对独立，如果通过有效的协同举措，充分整合利用各自资源，可以产生"1+1>2"或"2+2=5"的协同效应。第二章第二节研究了我国冬奥雪上项目与大众滑雪运动协同机会的内容结构模型，构建了冬奥雪上项目与大众滑雪运动协同发展机制，提出了机制实现的管理策略，并为体育及教育行政主管部门、雪上项目国家队提供了资政建言。

　　冬奥雪上项目与大众滑雪运动两个子系统能否有效识别协同机会的内容要素，并使其发挥最大协同效应，需要对子系统协同机会内容要素的协同效应进行相对客观的定性与定量评价。本部分将在国家和辽宁省两个层面对两个子系统的协同效应进行分析，其中在国家层面的协同效应将进行定性分析，对个案对象辽宁省的协同效应进行定性与定量相结合的评价分析。

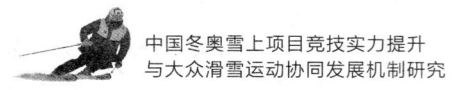
第一节

冬奥雪上项目与大众滑雪运动
国家层面协同效应的定性分析

冬奥雪上项目与大众滑雪运动作为冰雪强国建设的重要内容，两者的协同发展问题在国家层面较为宏观，因此，本书针对冬奥雪上项目与大众滑雪运动两个子系统在国家层面的协同效应问题，采取定性的方式进行具体分析。

2015 年 7 月 31 日，我国获得 2022 年第 24 届冬奥会举办权，并制定了冬奥全项目参赛和"三亿人参与冰雪运动"的冰雪运动发展目标，从国家层面确定了冬奥项目和大众冰雪运动协同发展的总基调。以此为契机，我国充分发挥举国体制集中力量办大事的制度优势，冬奥雪上项目与大众滑雪运动两个子系统多维协同，一方面，科学研判我国冬奥项目发展面临的严峻形势，充分整合竞技体育资源，根据各省（市、区）冰雪运动优势特色，统筹布局冬奥项目发展，特别是针对发展薄弱的冬奥雪上项目，分别确立优势项目、潜优势项目、发展性项目，建立了省级、国家青年集训队、国家集训队三级训练队伍，通过跨界选材、科技服务等举措，不断提升冬奥雪上项目整体竞技实力，实现雪上项目与冰上项目均衡发展和全项目参赛目标；另一方面，聚焦"三亿人参与冰雪运动"发展目标，一手抓冬奥项目竞技实力，一手抓大众滑雪运动发展水平，合理配置各类资源，鼓励建设大众滑雪场，研制青少年滑雪训练教学大纲和技术等级标准体系，大力培训滑雪社会体育指导员，举办滑雪冬令营，推进冰雪运动进校园，全面提升大众滑雪运动普及水平。

一、冬奥雪上项目的协同效应分析

1924 年第一届冬奥会在法国夏蒙尼成功举行，拉开了百年冬奥的历史序幕。从 1980 年我国首次参加冬奥会，到 2022 年举办冬奥会，回首征战冬奥 42 年的艰辛历程，我国冬奥雪上项目从无到有，由弱至强，特别是 2022 年北京冬奥会申办成功以来，冬奥雪上项目竞技实力显著提升。1980 年，我国首次挥师冬奥，派出 28 名男女运动员参加第 13 届冬奥会滑冰、滑雪、冬季两项等 3 个大项 18 个小项的比赛。由于参赛选手与世界冬季项目竞技水平差距较大，无一人进入前 6 名。尽管如此，参加此次冬奥会仍具有里程碑意义，冬奥雪上项目开始破冰前行，开启了我国逐梦冬奥的新征程。1998 年第 18 届长野冬奥会，徐囡囡因获得自由式滑雪空中技巧项目银牌，实现了我国冬奥会雪上项目奖牌"零"的突破；2006 年第 20 届都灵冬奥会，韩晓鹏在自由式滑雪空中技巧男子项目上夺得金牌，实现了我国冬奥雪上项目金牌"零"的突破。在之后的第 21 届、22 届、23 届冬奥会上，雪上项目均有奖牌入账。在北京冬奥会举办之前，我国雪上项目共获得 12 枚奖牌，占所获 62 枚冬奥会奖牌的 19.4%，冬奥雪上项目竞技实力弱势明显。

在第 24 届 2022 年北京冬奥会上，我国实现了冬奥项目全部参赛目标，存在多年的我国冬季运动"冰强雪弱"的格局出现了重大变化。在所获得的 9 块金牌中，5 块来自雪上项目，4 块来自冰上项目；在 4 块银牌中，3 块来自雪上项目，1 块来自冰上项目；在两块铜牌中，雪上项目与冰上项目平分秋色。从 1980 年中国冰雪健儿第一次参加冬奥会以来，一直存在着的"冰强雪弱"格局被彻底打破，在北京冬奥会上呈现了雪上项目强于冰上项目的新特点、新格局，冬奥雪上项目竞技实力提升明显，我国冬奥项目实现了冰雪双轮驱动的战略目标。

尽管如此，我国冬奥雪上项目整体竞技实力与世界水平仍有较大差距。在 2022 年北京冬奥会 75 个雪上项目小项中，我国运动员在自由式滑雪空中技巧继续保持集团性竞争优势，获得 2 金 1 银；谷爱凌获得了自由式滑雪女子大跳台和自由式滑雪女子 U 型场地技巧 2 枚金牌，1 枚自由式滑雪女子坡面障碍技巧银牌；苏翊鸣在单板滑雪男子大跳台和单板滑雪男子坡面障碍技巧项目分别获得 1 金 1 银。除以上几个雪上项目外，我国运动员在雪上技巧类项目上的滑行技术、滑行速度、腾空高度、动作变化、动作稳定性、完成动作的成功率、落地稳定性等诸多技术方面还有很大差距；单板滑雪 U 型场地技巧项目，男子无一人进入决赛，"我们每一跳的腾空高度、难度、落地稳定性及小细节的完成度，还有落地的角度，都有一定差距"。中国男子单板滑雪运动员谷奥表示，通过这次比赛更加清楚地看到了同世界顶级选手的差距。在单板滑雪女子障碍追逐、自由式滑雪雪上技巧、自由式滑雪男子大跳台等项目上，中国队均未进入决赛。"前半程其实差不多，但进入后半程随着体能下降，差距会被迅速拉开"。首次参加单板滑雪女子障碍追逐的 17 岁小将冯贺坦言，冬奥会让她认清了与世界高水平选手的差距。自由式滑雪雪上技巧两位老将李楠和赵洋坚持 14 年，实现了登上冬奥会舞台的梦想，但两人没能进入决赛。赵洋表示："我们在滑行技术、滑行速度上同高手相比都有不小的差距。"在雪上基础大项上，中国队的整体差距更为明显。高山滑雪项目，中国运动员大多数是以完赛为目标。过去三届冬奥会，中国选手在女子回转中均未能完赛。北京冬奥会上孔凡影虽然顺利完赛，但成绩与冠军斯洛伐克名将佩特拉·弗洛娃有着 20 多秒的差距；越野滑雪项目，中国队的整体表现也鲜有亮点，在 11 日进行的男子 15 公里（传统技术）比赛中，共有 99 位选手参赛，中国选手尚金财、刘荣胜分列第 41、47 位，突破了最好成绩，但与冠军芬兰名将尼斯卡宁相差了 3 分多钟。由此可见，我国冬奥雪上优势项目还比较有限，冬奥雪上项目整体竞技水平提升任重道远。

二、大众滑雪运动的协同效应分析

评价大众滑雪运动的发展水平，一般有两个指标：一是参与大众滑雪运动的有效人群数量，二是大众滑雪场的供给数量。与欧美国家相比，由于受经济发展水平和场地设施限制，我国大众滑雪运动发展起步较晚。我国的大众滑雪运动开始于 20 世纪 90 年代，1995 年，全国滑雪旅游研讨会提出：冬季旅游与滑雪运动相结合发展和推广大众滑雪运动，次年在亚布力举办了第三届亚冬会，标志我国以竞技赛事助力大众滑雪运动的全面开发与推广。近年来，随着人民生活水平的逐步提高，广大人民群众开始注重闲暇生活质量，这为大众滑雪运动发展提供了有利条件。从 2000 年到 2005 年，我国的雪场数量从 10 余家发展到 200 多家，参与滑雪人数从 1 万人增加到 10 万人[①]。

　　在举办北京冬奥会这一强有力引擎的推动下，国家实施提升冬奥项目竞技实力与发展大众冰雪运动双轮协同驱动政策，大力推进"北冰南展西扩"，冰雪运动走进山海关，迈过秦岭淮河，在中国呈现出前所未有的发展活力和潜力，大众冰雪运动发展水平显著提升。截至 2021 年 10 月，全国冰雪运动参与人数为 3.46 亿人，居民参与率达 24.56%，实现了"三亿人参与冰雪运动"发展目标，这是北京冬奥会给予全球冬季运动和奥林匹克运动的最为重要的遗产，是 2022 年北京冬奥会的第一块"金牌"。作为全球人口最多的国家，中国开展"带动三亿人参与冰雪运动"的实践，极大地推动冰雪运动的跨越式发展。对于世界来讲，"带动三亿人参与冰雪运动"显著地壮大了冰雪运动参与人群，为全球冰雪运动、冰雪产业的蓬勃发展提供了广阔空间，也为其他冰雪资源并不丰富的国家创新性地发展冰雪运动、推动产业升级提供了可资借鉴的中国实践、中国方案。

　　从参与周期看，全国 18 岁及以上居民中，最近一年内参与过冰雪运动的人数为 1.18 亿人，参与率为 10.60%；最近两年内，参与人数为 1.71亿人，参与率为 15.38%；最近 3 年内参与过冰雪运动的人数为 2.02 亿人，参与率为 18.14%。从"全国大众冰雪季"的参与地域范围来看，已经从 2014 年第一届时的 10 个省区市参与，发展到 2020 年第七届的全国31 个省区市全部联动，各类赛事活动覆盖的区域超过了全国一半的地级市。截至 2021 年初，我国室内外滑雪场总数达到 803 家，相比 2015 年增长 41%，覆盖 29 个省（区、市）。2015 年雪季（前一年 5 月 1 日至当年 4 月 30 日）中国滑雪人数为 1195 万人次，2016 年雪季 1445 万人次，2017 年雪季为 1690 万人次，2018 年雪季为 1915 万人次，2019 年雪季为 2060 万人次，2020 年雪季因受疫情影响为 1045 万人次，2021 年雪季

---

① 石凯妤. 我国大众滑雪运动推广的研究 [D]. 北京体育大学,2016.

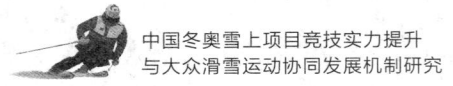
为 2076 万人次，同比增长 98.7%，从 2015 年雪季到 2021 年雪季滑雪人次年均复合增长率达 9.6%。从 2015 年至 2021 年的 6 年间，我国大众滑雪运动实现了参与人群和场地设施的跨越式发展，大众滑雪运动发展水平显著提升。

综上，在举办北京冬奥会和"三亿人参与冰雪运动"相关政策的双轮驱动下，国家一方面以项目全部参赛为目标统筹各项资源，着力优化冬奥雪上项目布局，坚持科技赋能冬奥雪上项目科学化训练；另一方面以"三亿人参与冰雪运动"为主要目标，全面推进"北冰南展西扩"和冰雪运动进校园战略，积极构建并实施国家、省、市多层级大众冰雪赛事体系，我国冬奥雪上竞技实力提升与大众滑雪运动协同发展效应凸显。与此同时，我们也看到，尽管冬奥雪上项目竞技实力和大众冰雪运动发展水平均有了较大提升，但在冬奥雪上项目竞技实力均衡发展和后冬奥时代大众冰雪运动可持续发展等方面，如何实现全面协同发展，在组织管理协同、资源配置协同、体育功能协同、体育精神协同等内容上还存在许多亟待解决的关键问题。这些问题也是制约建设冰雪强国的关键因素，也是后续修改研究关注的重点领域。

第二节

辽宁省冬奥雪上项目与大众滑雪运动协同发展实证研究

辽宁省因其独有的地域优势，具备高质量发展冰雪运动的良好基础。特别是在举办 2022 年北京冬奥会和"三亿人参与冰雪运动"大背景下，如何准确识别冬奥雪上项目与大众滑雪运动协同发展机会，科学判定两者在协同机会内容要素各维度上的协同效应，分析问题产生的原因，进而根据第三章第二节构建的协同发展机制，提出具有针对性的协同发展管理策略，对于有效促进辽宁省冬奥雪上项目与大众滑雪运动协同发展，具有较强的现实指导意义。本节以辽宁省为个案对象，通过定量与定性相结合的方式，对辽宁省冬奥雪上项目与大众滑雪运动协同发展进行实证研究。

一、辽宁省冬奥雪上项目与大众滑雪运动协同发展策略

为了促进大众滑雪运动高质量发展，辽宁省科学研判已有冰雪资源优势和发展短板，编写组作为《辽宁省关于加快推进冰雪运动发展的实施意见》（下称《意见》）编写的主要成员，参与了起草论证的全过程，根据《意见》的有关精神，同时依据第三章第二节构建的冬奥雪上项目与大众滑雪运动协同发展机制，制定了辽宁省促进冬奥雪上项目与大众滑雪运动协同发展的管理策略，并为辽宁省体育局提供了咨政建言，为辽宁省实现冰雪运动高质量发展提供了参考借鉴。

（一）成立专门机构，强化组织管理协同

为进一步加强辽宁省冰雪运动发展的组织管理，2016年成立了辽宁省冬季运动项目管理中心，统筹负责辽宁省冬奥项目布局发展与大众冰雪运动开展工作，同时明确该中心与辽宁省教育厅体卫艺处为校园冰雪运动普及推广的责任单位，从组织管理上进一步强化冬奥雪上项目与大众滑雪运动的协同效应体现。2016年以来，辽宁省发改委、辽宁省财政厅、辽宁省体育局、辽宁省教育厅等多部门以地方政府名义陆续出台《辽宁省冰雪运动发展规划2016—2020》《辽宁省冰雪场地设施建设规划2021—2025》《辽宁省冰雪运动产业规划2021—2025》《辽宁省关于加快推进冰雪运动发展的实施意见》，涉及冰雪运动健身、冬奥冰雪运动发展、青少年冰雪运动发展、冰雪产业、冰雪赛事、冰雪场地设施和冰雪运动人才等多方面，从顶层设计和贯彻落实上下两个层面提出了明确的目标、任务和具体要求；辽宁省教育厅、辽宁省体育局联合印发了《辽宁省校园冰雪运动校内外一体化建设实施方案》，从政策、组织管理等方面为冬奥雪上项目与大众滑雪运动高质量协同发展提供保障。

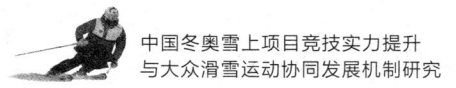
（二）建立协调机制，夯实经费配置协同

基于组织管理协同基础上，在人力资源、场地设施、运动技能、赛事经验、经费配置、市场推广等方面，建立健全冬奥雪上项目与大众滑雪运动相贯通的资源配置协同和保障机制。为落实好雪上运动发展所需经费，一方面积极协调中央财政，另一方面确保省级财政投入，2020—2022 的 3 年间各级财政投入总计 8098 万元：2020 年中央财政与辽宁省财政共投入 2272 万元，其中中央财政与省级财政分别为 877 万和 1395 万；2021 年中央财政与辽宁省财政共投入 2340 万元，其中中央财政与省级财政分别为 610 万（因疫情全部收回未兑现）和 1730 万；2022 年中央财政与辽宁省财政共投入 3486 万元，其中中央财政与省级财政分别为 0 和 3486 万。以上经费用于冬奥冰雪项目场地建设、运动员培养、举办冬奥赛事、聘请教练员等支出为 4147 万元，用于大众滑雪（冰）场建设、举办大众冰雪赛事、开展冰雪普及宣传、大众冰雪职业人员培养、校园冰雪运动开展等支出为 3951 万元，冬奥冰雪项目和大众冰雪运动经费支持基本持平。

（三）拓展赛事功能，实现项目均衡发展

举办各级各类冬奥竞技冰雪赛事和大众冰雪赛事是提高辽宁省冬奥冰雪竞技实力和大众冰雪运动普及水平的重要载体和助推器。辽宁省体育局和沈阳体育学院分别发挥各自优势，3 年间承办自由式滑雪空中技巧世界杯分站赛、自由式滑雪单板 U 型场地世界杯分站赛、辽宁省青少年冬季运动会、冰球测试赛等竞技冰雪赛事，目前已正式提交申请申办 2027 年全冬会，为有针对性地提高辽宁省冬季项目运动员参赛能力，以及提升辽宁省冬奥冰雪整体竞技实力均具有较强的促进作用。同时，以"冰雪辽宁"为主题，充分发挥冰雪运动协会和其他社会组织作用，积极开展群众喜闻乐见的冰雪系列活动。辽宁省体育局以承办"全国大众冰雪欢乐周""全国大众冰雪季""'三北'稻田冰雪运动会"等国家级冰雪赛事活动为牵引，以"辽宁省百万市民上冰雪系列活动""辽宁省全民冰雪运动会"两大赛事活动为平台，积极开展冰雪运动惠民活动，积

极推动冰雪运动进校园、进家庭、进社区等"七进"活动，持续加大冰雪运动推广、普及力度，让更多人参与到冰雪运动中来，体验并享受冰雪运动的激情与快乐。辽宁省组织开展各类冰雪赛事活动 3681 次，642 万余人次参与，市级包括区、街道、乡镇、社区等基层冰雪活动 1.6 万次，1874 万余人次参与。编写组受辽宁省体育局委托，主持完成了《辽宁省校园冰雪运动校内外一体化建设实施方案》，连续完成了九届辽宁省中小学校园冰雪师资培训与学生技能培训工作，累计培训冰雪师资 3000 余人，青少年冬令营 13000 余人，为实现"三亿人参与冰雪运动"发展目标提供了有力支持。

（四）加强知识宣传，促进体育精神协同

辽宁省体育局作为冰雪运动发展的主要负责部门，与辽宁广播电视台、沈阳广播电视台及各大新媒体平台开展广泛合作，推出包括"冬奥大众冰雪访谈"、冰雪知识、科学健身指导大讲堂等专题节目，收视率已经高达 1260 余万人次。特别是曾经夺得冬奥会奖牌和世界冠军的辽宁籍自由式滑雪空中技巧运动员徐囡囡、李妮娜、郭丹丹、郭心心和教练员陈洪斌、杨尔绮等人，与 CCTV4《中国冰雪奇缘》栏目组合作，于 2022 年 1 月 16 日，北京冬奥会开幕式前夕，以《中国自由式滑雪逐梦冬奥 30 年：从零到世界第一经历了什么》为主题进行专题访谈，为弘扬为国争光、无私奉献、科学求实、遵纪守法、团结协作、顽强拼搏的体育精神，鼓励广大民众积极参与冰雪运动，提供了强大的精神动力。同时，辽宁省积极发挥退役冬奥会亚军徐囡囡的影响力，作为辽宁省冰雪运动进校园形象大使，积极宣传冰雪文化，开展冰雪知识普及工作，实现冬奥雪上项目与大众滑雪运动在体育精神维度上的高度协同。

二、辽宁省冬奥雪上项目与大众滑雪运动协同效应分析

（一）辽宁省冬奥雪上项目与大众滑雪运动协同效应总体评价

1. 辽宁冬奥雪上项目发展的整体评价

2016 年，辽宁省成立冬季运动管理中心，冬季项目运动员由 100 多人上升至 694 人，实现从开展速度滑冰、自由式滑雪等个别项目到奥运

会全部 7 个大项 15 个分项的全覆盖，创造发展冰雪运动的"辽宁速度"；同时，采取各种超常规的打法，以最高的效率完成组队，以最快的速度打造重点运动队，以最精准的方式引进高水平运动员、教练员，以最大的限度挖掘内部的潜力，多头并举，多措并举，创造了冬季项目快速出成绩的"辽宁模式"，冬奥项目发展取得显著成绩。北京冬奥会上辽宁共有 17 人参赛，另有 18 名教练员及辅助人员共同征战，还有 192 名技术官员（NTO）服务于北京冬奥会赛事组织及裁判工作，参赛人数、参赛项数、服务人群均创历史新高，雪上项目获得 1 金 1 银，徐梦桃成为我国第一个自主培养获得雪上项目奥运冠军的运动员，创造历届冬奥会最好成绩，辽宁冬奥雪上整体竞技实力显著提升。尽管如此，从辽宁参加冬奥会雪上项目分布和成绩可以看出，自由式滑雪空中技巧项目一枝独秀，获得 1 金 1 银两枚奖牌；程方明参加了冬季两项的 6 个项目比赛，冯贺参加了单板滑雪女子障碍追逐赛，孙楷智参加了双人雪车比赛，但均未进入决赛。因此，辽宁冬奥优势雪上项目还比较单一，整体竞技实力与世界水平相比差距较大。

2. 辽宁大众滑雪运动发展整体评价

充分发挥"北国"（辽宁日报）、"帅正"（沈阳日报）及"运动辽宁""辽宁冰雪"等各类新闻媒体特别是新媒体作用，办好冰雪运动节目和专栏。2020 年在辽宁电台开设《辽宁冰雪故事》《冰雪微课堂》两大主题栏目，加强冰雪运动知识、冰雪赛事活动的宣传及辽宁冰雪的好人、好事，讲好辽宁冰雪故事，传播冰雪运动正能量，积极塑造融入自然、挑战自我、追求卓越、坚韧唯美的辽宁冰雪文化。以"冰雪辽宁"为主题，组织开展"辽宁省百万市民上冰雪系列活动""辽宁省全民冰雪运动会"赛事活动；建立了冰雪运动进校园一体化实施体系，推动冰雪运动进校园、进家庭、进社区等"七进"活动；辽宁省共有滑雪场 32 个，近三年新增 5 个；在抚顺市规划建设"辽宁省雪上训练基地"，在此基础上延伸产业链，打造抚顺雪上产业核心区。2016 年以来，辽宁省组织开展各类冰雪赛事活动 3681 次，642 万余人次参与。2022 年 1 月 12 日，国家体育总局和国家统计局联合发布了"带动三亿人参与冰雪运动"统计调查报告。截至

2021 年 10 月，全国参与人数达到 3.46 亿人。数据显示，从三亿人参与冰雪运动参与人数看（我国申冬奥成功后，于 2015 年至 2021 年 10 月累计数字），辽宁排名全国第四位，为 0.23 亿，江苏（0.26 亿）、山东（0.26 亿）、河北（0.25 亿）排名全国前三；从冰雪运动参与率看（参与冰雪运动人数/省份总人口数），辽宁排名全国第三位，为 53.83%，黑龙江（57.80%）、北京（55.24%）排名全国前两位。从参与人数到普及参与率，辽宁均为实现"三亿人参与冰雪运动"发展目标作出了突出贡献。

辽宁作为发展大众滑雪运动大省，依靠独有的地理优势大众滑雪运动普及水平提升较快，但不可回避的是，目前，辽宁省缺乏垂直落差超500 米的旅游目的地式大型高端滑雪场，留不住高端滑雪爱好者；同时，受限于没有大型滑雪场、标准速度滑冰场地等高标准专业冰雪运动场地设施，无法举办高端冰雪运动赛事。

综上，2016 年以来，辽宁省在组织管理、资源配置、体育精神等方面强化协同发展力度，冬奥雪上项目竞技实力和大众滑雪运动发展水平均有长足进步，但在冬奥雪上项目均衡发展和大众滑雪运动可持续发展等方面还存在诸多"短板"，还需要在政策支持、资源配置等方面强化冬奥雪上项目与大众滑雪运动两个子系统的协同互动，以实现辽宁省雪上运动高质量发展目标。

（二）辽宁省冬奥雪上项目与大众滑雪运动协同效应的定量评价

第四章第二节从宏观角度对辽宁省冬奥雪上项目与大众滑雪运动协同效应进行了总体评价分析，本节将基于第二章第二节构建的冬奥雪上项目与大众滑雪运动协同机会识别内容结构模型，构建评价指标体系，运用层次分析法和模糊综合测评法对辽宁省冬奥雪上项目与大众滑雪运动协同效应进行定量评价分析。

1. 冬奥雪上项目与大众滑雪运动协同效应评价指标体系的构建

冬奥雪上项目与大众滑雪运动的协同效应是两者识别和有效利用协同机会的效果，本节基于第二章第二节研究得出的冬奥雪上项目与大众滑雪运动协同机会内容要素结构模型，构建了冬奥雪上项目与大众滑雪运动协同效应评价指标体系，见表 4-1。指标体系中把影响冬奥雪上项目与大众滑雪运动协同效应的众多维度作为一个整体，然后根据各维度间的相互关系和不同作用，分解为若干有序指标。一个复杂的冬奥雪上项目与大众滑雪运动协同效应评价指标体系可以分解成三个递阶层次，根据各个层次对协同效应作用程度的差异，科学、合理地赋予权重，用来突出重点的目标、维度及要素。最高层的是冬奥雪上项目与大众滑雪运动协同效应实现的总目标，即协同效应评价指标体系 A；中间层元素是维度层，构成冬奥雪上项目与大众滑雪运动协同效应评价指标体系的四个维度，即组织管理协同 B1、体育功能协同 B2、资源配置协同 B3、体育精神协同 B4；最底层是我国冬奥雪上项目与大众滑雪运动协同效应的要素层，共设有 17 个要素项。

表 4-1 冬奥雪上项目与大众滑雪运动协同效应评价指标体系

协同机会识别评价指标体系 A	B1 组织管理协同	C11 发展政策协同
		C12 保障机制协同
		C13 组织机构协同
		C14 项目规则协同
	B2 体育功能协同	C21 健身功能协同
		C22 娱乐功能协同
		C23 教育功能协同
		C24 经济功能协同
	B3 资源配置协同	C31 人力资源协同
		C32 场地设施协同
		C33 运动技能协同
		C34 赛事经验协同
		C35 经费配置协同
		C36 市场推广协同
	B4 体育精神协同	C41 体育道德协同
		C42 体育意识协同
		C43 体育理想协同

2. 冬奥雪上项目与大众滑雪运动协同效应评价方法的选择

为尽可能科学地对冬奥雪上项目与大众滑雪运动协同效应进行评价，本书选用层次分析法确定评价指标体系中各要素、维度对总目标的贡献率；确定权重之后，运用模糊综合评价法对冬奥雪上项目与大众滑雪运动协同效应进行定量分析[①]。

（1）层次分析法

定性和定量相结合是层次分析法中最大的特点，包含两方面内容，其一是分层的思想，其二是两两比较的思想。层次分析法作为解决复杂问题的行之有效的方法之一，既考虑了冬奥雪上项目与大众滑雪运动协同效应各维度及其要素的权重，又能有效降低测评中的主观性影响，满足了对冬奥雪上项目与大众滑雪运动协同效应评价的特殊要求。

（2）模糊综合评价法

在实际问题中，对同一事物进行评价往往需要多个因素或多个指标来衡量。一般来说，由于评价对象的本身具有模糊性，若想要提高评价的科学性与准确性，就需要采用多个指标和多个因素的综合评价方法[②]。采用模糊综合评价法符合我国冬奥雪上项目与大众滑雪运动协同效应测评的要求，在用层次分析法确定冬奥雪上项目与大众滑雪运动协同效应各要素、维度对总目标的贡献率的基础上，运用综合模糊测评对冬奥雪上项目与大众滑雪运动协同效应进行定量分析，可以明显区分不同冬奥雪上项目与大众滑雪运动协同效应评价主体带来的差异性。

（3）冬奥雪上项目与大众滑雪运动协同效应评价指标体系权重的确定

① 协同效应评价过程的调研分析

所谓权重，是指对某一事物进行多个指标评估时，各种指标的相对重要程度，所赋予的数值称为该指标相应的权重系数。对于指标的权重往往由相关专家根据经验直接进行判定，因此会缺少量化分子，与实际

①② 曹连众. 隐性知识管理视域下中国雪上项目优秀运动员培养理论及机制创新研究 [M]. 北京：中国社会科学出版社,2016:78,99.

情况可能会有较大的偏差，会直接影响判断结果的定性准确度及量化的精度[①]。本书选取 15 名专家对指标进行赋值，为确保指标权重的精准性、合理性及有效性，采用层次分析法对其进行赋值（Analytic Hierarchy Process，简称 AHP 法），层次分析法能够精准地利用数值反映出专家的经验，实现定性分析（专家的经验判断）与定量分析有机结合。详细过程如下：采用 AHP 形成专家打分量表，请专家参照评价指标重要程度赋值表（附录 5）对各级评价指标重要程度予以赋值，用于确定冬奥雪上项目与大众滑雪运动协同效应要素各影响因素之间相对权重。

为确保调查对象具有代表性，我们将其标准确定为：一是参加过冬奥会且具有 5 年滑雪指导年限的教练员与运动员；二是具有两年工作经验的冬季雪上项目管理中心和体育行政部门群体处管理者；三是系统学专家；四是体育管理学专家；五是具有 5 年以上滑雪经历的大众滑雪爱好者。这几点保证了访谈对象能够结合自身丰富的运动实践，对冬奥雪上项目与大众滑雪运动协同机会的概念、内涵、特征、结构等基本理论问题有更加深刻的理解，保证了评分的客观性。依据此标准，从 2019 年 10 月起，对国家体育总局、国家冬季雪上项目管理中心、辽宁省体育局、吉林省体育局、哈尔滨体育学院、南京工业大学 20 名冬奥雪上项目与大众滑雪运动专家，通过专家模拟分析的方法进行访谈和问卷调查。共收集有效打分问卷 15 份，回收率 75%、有效率 100%。问卷调查对象涵盖了教练员、运动员、体育行政部门冬季运动中心管理者和群体处工作人员、系统学专家、体育管理学专家、大众滑雪爱好者，符合层次分析法对专家数量的要求。

②协同机会效应评价指标判断矩阵的构建

冬奥雪上项目与大众滑雪运动协同效应评价指标各判断矩阵，表示本层所有因素针对上一层某一因素相对重要性的比较。判断矩阵的因素 b_{ij} 用 Santy 的 1–9 标度方法[②]。

①李海影,李国.大型体育场馆室内环境质量模糊综合评价模型 [J].武汉体育学院学报,2017,51(02):54–59.

②曹连众,李军岩.基于 AHP 方法的竞技体育人才隐性知识测评研究 [J].沈阳体育学院学报,2011,30(04):11–14.

表4-2 评价指标重要程度赋值表

赋 值	说 明
1	指标1与指标2相比，具有同样的重要性
3	指标1与指标2相比，指标1比指标2稍微重要
5	指标1与指标2相比，指标1比指标2比较重要
7	指标1与指标2相比，指标1比指标2十分重要
9	指标1与指标2相比，指标1比指标2绝对重要
2，4，6，8	表示重要程度介于相邻的两个等级之间

本书采用 AHP 中的群体决策，判断矩阵中应是各个专家判断值的几何平均值，对专家打分数据利用 MATLAB 7.0 进行了处理得出最终数值，并构造判断矩阵进行计算，所得结果如下：

$$\begin{bmatrix} b_{11} & b_{12} & . & b_{1n} \\ b_{21} & b_{22} & . & b_{2n} \\ b_{31} & b_{32} & . & b_{3n} \\ b_{n1} & b_{n2} & . & b_{4n} \end{bmatrix}$$

③ 协同效应评价指标层次单排序及其一致性检验

确认层次单排序，需要进行一致性检验，所谓一致性检验是指对矩阵确定不一致的允许范围。因此，在得到 λ_{max} 后，还需对判断矩阵的一致性进行检验[1]。由于 λ 连续依赖 b_j，λ_{max} 比 n 大的越多，A 的比一致性越严重。因为用最大的特征值所对应的特征向量，作为被比较因素对上层某因素影响程度的权重量，如果其不一致程度越大，那么引起的判断误差也就越大。因此可以用 $\lambda_{max} - n$ 数值的大小来衡量 A 的不一致程度。为了检验判断矩阵的一致性，定义一次性指标：

$$CI = \frac{\lambda_{max} - n}{n - 1}$$

如果 CI=0，有完全的一致性；CI 接近于 0，有比较好的一致性。CI 越大，不一致性越差。为衡量 CI 的大小，引入随机一致性指标 RI。

---

[1] 曹连众，李军岩. 基于 AHP 方法的竞技体育人才隐性知识测评研究 [J]. 沈阳体育学院学报,2011,30(04):11-14.

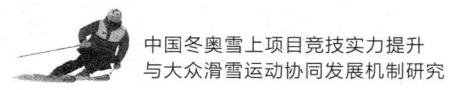
该方法是随机构造 100 个成对比较矩阵 A_1，A_2，$\cdots A_{100}$，则可得一致性指 $CI_1, CI_2, \cdots CI_{100}$。

根据公式：
$$\frac{RI = CI_1 + CI_2 + \cdots + CI_{100}}{100} = \frac{\dfrac{\lambda_1 + \lambda_2 + \cdots \lambda_{100}}{100} - n}{n-1} \quad （公式4）$$

表4-3 随机一致性指标

n	1	2	3	4	5	6	7	8	9	10
R1	0	0	.58	.90	1.12	1.24	1.32	1.41	1.45	1.49

根据定义一致性比率：

$$CR = \frac{CI}{RI} \quad （公式5）$$

当一致性比率 $CR = \dfrac{CI}{RI} < 0.1$ 时，认为 A 的不一致程度在可容许范围之内，也就是说有比较好的一致性，通过了一致性检验。

本书采用 AHP 中的群体决策，判断矩阵中应是各个专家判断值的几何平均值，对专家打分数据利用 MATLAB7.0 进行了处理得出最终数值，并构造判断矩阵进行计算，所得结果如下，统计整理专家对各级指标的重要程度赋值情况构建（A → B）判断矩阵：

表4-4 判断矩阵 A-B

协同机会识别 A	组织管理协同 B1	体育功能协同 B2	资源配置协同 B3	体育精神协同 B4
组织管理协同 B1	1	1/4	1/9	1/4
体育功能协同 B2	4	1	1/2	1
资源配置协同 B3	9	2	1	2
体育精神协同 B4	4	1	1/2	1

计算统计整理构建的判断矩阵（A-B)：

由公式 $M_i = \prod_{i=1}^{n} b_j \ (i = 1, 2, \ldots n) \quad （公式6）$

$M_1 = 0.0069$

$$M_2 = 2$$

$$M_3 = 36$$

$$M_4 = 2$$

计算 M_i 的 4 次方根，由

$$\overline{w_i} = \sqrt[n]{M_i} \qquad （公式 7）$$

得：$\overline{w_1} = \sqrt[4]{0.0069} = 0.2882$

$$\overline{w_3} = \sqrt[4]{36} = 2.449$$

$$\overline{w_4} = \sqrt[4]{2} = 1.1892$$

$$w_i = \frac{\overline{w_i}}{\sum_{i=1}^{n} \overline{w_i}} \qquad （公式 8）$$

对向量 $\overline{W} = [\overline{w_1}, \quad \overline{w_2 w_3}, \quad \overline{w_4},]^T$ 进行归一化，分别计算出 w_i ，得特征向量 $W = [\overline{w_1}, \overline{w_2}, \overline{w_3}, \overline{w_4}]$

$$w_1 = \frac{0.2882}{5.116} = 0.0563$$

$$w_2 = \frac{1.1892}{5.116} = 0.2324$$

$$w_3 = \frac{2.4494}{5.116} = 0.4787$$

$$w_4 = \frac{1.1892}{5.116} = 0.2324$$

$$W = [0.0563, \quad 0.2324, \quad 0.4787, \quad 0.2324]^T$$

$$\lambda_{max} = \sum_{i=1}^{n} \frac{(AW)_i}{n w_i} \qquad （公式 9）$$

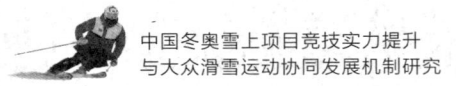

求判断矩阵的最大特征根，式中 $(AW)_i$ 表示向量 AW 的第 i 个元素：

$$AW = \begin{bmatrix} 1 & 1/4 & 1/9 & 1/4 \\ 4 & 1 & 1/2 & 1 \\ 9 & 2 & 1 & 2 \\ 4 & 1 & 1/2 & 1 \end{bmatrix} \begin{bmatrix} 0.0563 \\ 0.2324 \\ 0.4787 \\ 0.2324 \end{bmatrix}$$

$(AW)_1 = 1*0.0563+1/4*0.2324+1/9*0.4787+1/4*0.2324=0.2257$

$(AW)_2 = 4*0.0563+1*0.2324+1/2*0.4787+1*0.2324=0.9294$

$(AW)_3 = 9*0.0563+2*0.2324+1*0.4787+2*0.2324=1.915$

$(AW)_4 = 4*0.0563+1*0.2324+1/2*0.4787+1*0.2324=0.9294$

$$\lambda_{max} = \sum_{i=1}^{n} \frac{(AW)_i}{4W_i} = \frac{(AW)_1}{4W_1} + \frac{(AW)_2}{4W_2} + \frac{(AW)_3}{4W_3} + \frac{(AW)_4}{4W_4} = \frac{0.2257}{4*0.0563}$$

$$+ \frac{0.9294}{4*0.2324} + \frac{1.915}{4*0.4787} + \frac{0.9294}{4*0.2324} = 4.0019$$

由公式　　$CR = \dfrac{CI}{RI}$　　进行一次性检验　　　　　（公式 10）

一次性指标的 $CI = \dfrac{\lambda_{max}-n}{n-1} = \dfrac{4.0019-4}{4-1} = 0.0006$

随机性 RI=0.89

得 $CR = \dfrac{CI}{RI} = \dfrac{0.0006}{0.89} = 0.0007 < 0.10$，判断矩阵符合内部一致性要求。

同理求出 B → C 层次排序。

1）对于判断矩阵 A-B（相对于总目标而言，各维度之间相对重要性比较）

表4-5　判断矩阵 A-B

协同机会识别 A	组织管理协同 B1	体育功能协同 B2	资源配置协同 B3	体育精神协同 B4	W
组织管理协同 B1	1	1/4	1/9	1/4	.0563
体育功能协同 B2	4	1	1/2	1	.2324
资源配置协同 B3	9	2	1	2	.4787
体育精神协同 B4	4	1	1/2	1	.2324

注：λ_{max} =4.0019　CI=0.0006　RI= 0.90　CR= 0.0007 < 0.1

2）判断矩阵 B1-C1（相对于组织管理协同而言，各维度之间相对重要性比较）

表4-6　判断矩阵 B1-C1

组织管理协同 B1	发展政策协同 C11	保障机制协同 C12	组织机构协同 C13	项目规则协同 C14	W
发展政策协同 C11	1	2	2	5	.4485
保障机制协同 C12	1/2	1	1	3	.2347
组织机构协同 C13	1/2	1	1	3	.2347
项目规则协同 C14	1/5	1/3	1/3	1	.0819

注：λ_{max} =4.0040　CI=0.012　RI= 0.90　CR= 0.013 < 0.1

3）判断矩阵 B2-C2（相对于体育功能协同而言，各维度之间相对重要性比较）

表4-7　判断矩阵 B2-C2

体育功能协同 B2	健身功能协同 C21	娱乐功能协同 C22	教育功能协同 C23	经济功能协同 C24	W
健身功能协同 C21	1	1	1	2	.2833
娱乐功能协同 C22	1	1	1/2	2	.2382
教育功能协同 C23	1	2	1	2	.3369
经济功能协同 C24	1/2	1/2	1/2	1	.1416

注：λ_{max} =4.0604　CI=0.0201　RI= 0.90　CR= 0.0223 < 0.10

4）判断矩阵 B3-C3（相对于资源配置协同而言，各维度之间相对重要性比较）

表 4-8 判断矩阵 B3-C3

资源配置协同 B3	人力资源协同 C31	场地设施协同 C32	运动技术协同 C33	赛事经验协同 C34	经费配置协同 C35	市场推广协同 C36	W
人力资源协同 C31	1	1	2	2	1	2	.2204
场地设施协同 C32	1	1	2	2	1	2	.2204
运动技术协同 C33	1/2	1/2	1	1	1/2	1	.1102
赛事经验协同 C34	1/2	1/2	1	1	1/3	1	.1030
经费配置协同 C35	1	1	2	3	1	2	.2358
市场推广协同 C36	1/2	1/2	1	1	1/2	1	.1102

注：λ_{max} =6.0183　CI=0.0037　RI= 1.24　CR= 0.003 < 0.10

5）判断矩阵 B4-C4（相对于体育精神协同而言，各维度之间相对重要性比较）

表 4-9　判断矩阵 B4-C4

体育精神协同 B4	体育道德协同 C41	体育意识协同 C42	体育理想协同 C43	W
体育道德协同 C41	1	2	2	.5
体育意识协同 C42	1/2	1	1	.25
体育理想协同 C43	1/2	1	1	.25

注：λ_{max} =3　CI=0　RI= 0.58　CR=0 < 0.10

6）经过计算得知以上各判断矩阵 CR < 0.10，各判断矩阵均通过一致性检验，对各层次进行层次总排序如下。

表4-10　冬奥雪上项目与大众滑雪运动协同效应评价指标权重总排序一览表

层次C	层次B			
总排序	组织管理协同B1	体育功能协同B2	资源配置协同B3	体育精神协同B4
	.0563	.2324	.4787	.2324
发展政策协同C11	.4485			
保障机制协同C12	.2347			
组织机构协同C13	.2347			
项目规则协同C14	.0819			
健身功能协同C21		.2833		
娱乐功能协同C22		.2382		
教育功能协同C23		.3369		
经济功能协同C24		.1416		
人力资源协同C31			.2204	
场地设施协同C32			.2204	
运动技术协同C33			.1102	
赛事经验协同C34			.1030	
经费配置协同C35			.2358	
市场推广协同C36			.1102	
体育道德协同C41				.5000
体育意识协同C42				.2500
体育理想协同C43				.2500

（4）冬奥雪上项目与大众滑雪运动协同效应评价的应用

辽宁省因其独有的地理和气候优势，发展冰雪运动条件得天独厚。2015年以来，无论是冬奥雪上项目，还是大众滑雪运动，发展成效显著。选择辽宁省为个案研究对象，对冬奥雪上项目与大众滑雪运动协同效应的评价过程进行具体的应用分析，具有一定典型代表意义。

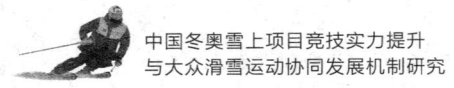
① 确定评价等级集合

本书采用5级语义学标度，所涉及的定量评价标准为：即 V= ｛最大，较大，一般，较小，最小｝={5，4，3，2，1｝同时，本节采用线性插值法来确定隶属度，以求得指标在 [1,5] 区间上的隶属度，最终建立了评价指标的评语等级集合，如表 4–11。

表 4–11 评价指标评语等级集合

测评值	评语	定级
$4<X \leqq 5$	最大	D1
$3<X \leqq 4$	较大	D2
$2<X \leqq 3$	一般	D3
$1<X \leqq 2$	较小	D4
$X \leqq 1$	最小	D5

② 评价样本的选取

基于冬奥雪上项目与大众滑雪运动协同效应评价指标体系，编制辽宁省调查问卷，运用专家评定法与重测法对量表信效度进行检验，结果显示具有良好信度与效度。分层抽样和简单随机抽样相结合，在辽宁省选取运动员、教练员、裁判员、滑雪指导员、滑雪爱好者、滑雪场馆经营管理者、体育局群体工作人员和雪上运动中心管理人员、滑雪培训机构管理人员、滑雪协会工作人员等进行问卷调查。发放问卷 300 份，回收 296 份，有效问卷 292 份，回收率 98%，有效率 98%。调查对象基本信息如表 4–12 所示。

表4-12　调查对象基本信息（N=292）

	研究对象	人　数	百分比（％）
性别	男	152	52.0
	女	140	48.0
年龄	20以下	15	5.0
	20-29	180	61.0
	30-39	60	21.0
	40以上	37	13.0
学历层次	高中/中专及以下	30	10.0
	大专	45	15.0
	本科	110	38.0
	研究生及以上	107	37.0
调查对象	运动员	40	14.0
	教练员	20	7.0
	裁判员	12	4
	滑雪指导员	40	13
	滑雪爱好者	142	48
	滑雪场馆经营管理者	8	3
	体育行政部门群众体育工作人员	5	2
	体育行政部门雪上项目管理人员	5	2
	滑雪培训机构管理人员	5	2
	滑雪社会团体或协会工作人员	15	5

③辽宁省冬奥雪上项目与大众滑雪运动协同效应评价指标隶属度

将292份问卷依据评语集进行统计，并作归一化处理，获得各评级等级选择人数比例，即为各评价指标的隶属度。根据问卷各评价指标的隶属度情况（见表4-13），建立辽宁省冬奥雪上项目与大众滑雪运动协同效应综合测评运算表，具体情况见表4-14。

表4-13 辽宁省冬奥雪上项目与大众滑雪运动协同效应评价指标隶属度一览表

评语\指标	V1（最大）		V2（较大）		V3（一般）		V4（较小）		V5（最小）	
	人数	比例	人数	比例	人数	比例	人数	比例	人数	比例
C11	181	.6199	10	.0342	20	.0685	75	.2568	6	.0205
C12	9	.0308	12	.0411	22	.0753	66	.2260	183	.6267
C13	11	.0377	11	.0377	21	.0719	64	.2192	185	.6336
C14	188	.6438	9	.0308	22	.0753	65	.2226	8	.0274
C21	9	.0308	10	.0342	33	.1130	78	.2671	162	.5548
C22	144	.4932	14	.0479	34	.1164	87	.2979	13	.0445
C23	12	.0411	13	.0445	33	.1130	91	.3116	143	.4897
C24	10	.0342	11	.0377	31	.1062	90	.3082	150	.5137
C31	187	.6404	74	.2534	19	.0651	6	.0205	6	.0205
C32	184	.6301	65	.2226	30	.1027	7	.0240	6	.0205
C33	190	.6507	65	.2226	24	.0822	6	.0205	7	.0240
C34	188	.6438	61	.2089	25	.0856	10	.0342	8	.0274
C35	186	.6370	67	.2295	19	.0651	15	.0514	5	.0171
C36	8	.0274	71	.2432	10	.0342	10	.0342	193	.6610
C41	142	.4863	76	.2603	45	.1541	15	.0514	14	.0479
C42	15	.0514	16	.0548	32	.1096	80	.2740	149	.5103
C43	12	.0411	13	.0445	31	.1062	78	.2671	158	.5411

表 4-14　辽宁省冬奥雪上项目与大众滑雪运动协同机会识别综合评价运算表

W	R	B
$W_1 = (0.4485, 0.2347$ $0.2347, 0.0819)$	$R_1 = \begin{bmatrix} 0.6199 & 0.0342 & 0.0685 & 0.2568 & 0.0205 \\ 0.0308 & 0.0411 & 0.0753 & 0.2260 & 0.6267 \\ 0.0377 & 0.0377 & 0.0719 & 0.2192 & 0.6336 \\ 0.6438 & 0.0308 & 0.0753 & 0.2226 & 0.0274 \end{bmatrix}$	$B_1 = (0.3469, 0.0364$ $0.0715, 0.2380, 0.3072)$
$W_2 = (0.2833, 0.2382$ $0.3369, 0.1416)$	$R_2 = \begin{bmatrix} 0.0308 & 0.0342 & 0.1130 & 0.2617 & 0.5548 \\ 0.4932 & 0.0479 & 0.1164 & 0.2979 & 0.0445 \\ 0.0411 & 0.04457 & 0.1130 & 0.3116 & 0.4897 \\ 0.0342 & 0.0377 & 0.1062 & 0.3082 & 0.5137 \end{bmatrix}$	$B_2 = (0.1449, 0.0414$ $0.1129, 0.2953, 0.4055)$
$W_3 = (0.2204, 0.2204$ $0.1102, 0.1030,$ $0.2358, 0.1102)$	$R_3 = \begin{bmatrix} 0.6404 & 0.2534 & 0.0651 & 0.0205 & 0.0205 \\ 0.6301 & 0.2226 & 0.1027 & 0.0240 & 0.0205 \\ 0.6507 & 0.2226 & 0.0822 & 0.0205 & 0.0240 \\ 0.6438 & 0.2089 & 0.0856 & 0.0342 & 0.0274 \\ 0.6370 & 0.2295 & 0.0651 & 0.0514 & 0.0171 \\ 0.0274 & 0.2432 & 0.0342 & 0.0342 & 0.6610 \end{bmatrix}$	$B_3 = (0.5713, 0.2318$ $0.0740, 0.0315, 0.0914)$
$W_4 = (0.5000$ $0.2500, 0.2500)$	$R_4 = \begin{bmatrix} 0.4863 & 0.2603 & 0.1541 & 0.0514 & 0.0479 \\ 0.0514 & 0.0548 & 0.1096 & 0.2740 & 0.5103 \\ 0.0411 & 0.0445 & 0.1062 & 0.2671 & 0.5411 \end{bmatrix}$	$B_4 = (0.2663, 0.1550$ $0.1310, 0.1610, 0.2867)$

④ 协同效应二级指标综合评价结果

辽宁省竞技滑雪冬奥雪上项目与大众滑雪运动协同效应的评价，是相关评价主体对 17 项冬奥雪上项目与大众滑雪运动协同机会内容要素协同情况的评定。根据隶属度原则，对组织管理协同、体育功能协同、资源配置协同、体育精神协同四个二级维度进行综合评价，具体评价过程如下。

1）组织管理协同效应评价结果

$$R_1 = \begin{bmatrix} 0.6199 & 0.0342 & 0.0685 & 0.2568 & 0.0205 \\ 0.0308 & 0.0411 & 0.0753 & 0.2260 & 0.6267 \\ 0.0377 & 0.0377 & 0.0719 & 0.2192 & 0.6336 \\ 0.6438 & 0.0308 & 0.0753 & 0.2226 & 0.0274 \end{bmatrix}$$

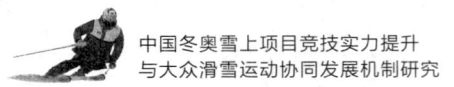

*（0.4485 0.2347 0.2347 0.0819）=（0.3469 0.0364 0.0715 0.2380 0.3073）

将 A 进行归一化处理 $A' $ =（0.3469 0.0364 0.0715 0.2380 0.3073）

则评价值为 T= A' *V=（0.3469 0.0364 0.0715 0.2380 0.3073）* $\begin{bmatrix} 5 \\ 4 \\ 3 \\ 2 \\ 1 \end{bmatrix}$ =2.878

从计算结果上看：34.69% 的人认为组织管理协同协同效应"最大"，3.64% 的人认为"较大"，7.15% 的人认为"一般"，23.80% 的人认为"较小"，30.73% 的人认为"最小"。按最大隶属度原则，此例中协同效应预先评价为"最大"。通过计算得分为 2.878 分，说明辽宁省冬奥雪上项目与大众滑雪运动在组织管理协同维度上协同效应一般。通过预先设计的评语集，与该维度预测的协同效应评价为"一般"的结果相一致。

2）体育功能协同效应评价结果

$$R_2 = \begin{bmatrix} 0.0308 & 0.0342 & 0.1130 & 0.2617 & 0.5548 \\ 0.4932 & 0.0479 & 0.1164 & 0.2979 & 0.0445 \\ 0.0411 & 0.04457 & 0.1130 & 0.3116 & 0.4897 \\ 0.0342 & 0.0377 & 0.1062 & 0.3082 & 0.5137 \end{bmatrix}$$

*（0.2833 0.2382 0.3369 0.1416）=（0.1449 0.0414 0.1129 0.2953 0.4055）

将 A 进行归一化处理 A' =（0.1449 0.0414 0.1129 0.2953 0.4055）

则评价值为 T= A' *V=（0.1449 0.0414 0.1129 0.2953 0.4055）* $\begin{bmatrix} 5 \\ 4 \\ 3 \\ 2 \\ 1 \end{bmatrix}$ =2.2249

从计算结果上看：14.49%的人认为体育功能协同效应"最大"，4.14%的人认为"较大"，11.29%的人认为"一般"，29.53%的人认为"较小"，40.55%的人认为"最小"。按最大隶属度原则，此例中体育功能协同效应预先评价为"最小"。通过预先设计的评语集，通过计算得分为2.2249分，协同效应预先评价的结果为"一般"，说明辽宁省冬奥雪上项目与大众滑雪运动在体育功能维度上协同效应一般。

3）资源配置协同效应评价结果

$$R_3 = \begin{bmatrix} 0.6404 & 0.2534 & 0.0651 & 0.0205 & 0.0205 \\ 0.6301 & 0.2226 & 0.1027 & 0.0240 & 0.0205 \\ 0.6507 & 0.2226 & 0.0822 & 0.0205 & 0.0240 \\ 0.6438 & 0.2089 & 0.0856 & 0.0342 & 0.0274 \\ 0.6370 & 0.2295 & 0.0651 & 0.0514 & 0.0171 \\ 0.0274 & 0.2432 & 0.0342 & 0.0342 & 0.6610 \end{bmatrix}$$

*（0.2204 0.2204 0.1102 0.1030 0.2358 0.1102）=（0.5713 0.2319 0.0740 0.0315 0.0914）

将 A 进行归一化处理 $A' = $（0.5713 0.2319 0.0740 0.0315 0.0914）

则评价值为 T= A' *V=（0.5713 0.2319 0.07400.03150.0914）* $\begin{bmatrix} 5 \\ 4 \\ 3 \\ 2 \\ 1 \end{bmatrix}$ =4.1605

从计算结果上看：57.13%的人认为资源配置协同效应"最大"，23.19%的人认为"较大"，7.40%的人认为"一般"，3.15%的人认为"较小"，9.14%的人认为"最小"。按最大隶属度原则，此例中资源配置协同效应预先评价为"最大"。通过预先设计的评语集，通过计算得分为4.1605分，该维度协同效应预先评价的结果为"最好"，说明辽宁省冬奥雪上项目与大众滑雪运动在资源配置维度上协同效应明显。

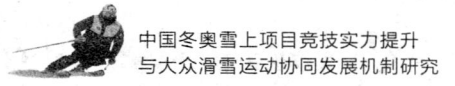

4）体育精神协同效应评价结果

$$R_4 = \begin{bmatrix} 0.4863 & 0.2603 & 0.1541 & 0.0514 & 0.0479 \\ 0.0514 & 0.0548 & 0.1096 & 0.2740 & 0.5103 \\ 0.0411 & 0.0445 & 0.1062 & 0.2671 & 0.5411 \end{bmatrix}$$

*（0.500 0.2500 0.2500）=（0.2663 0.1550 0.1310 0.1610 0.2868）

将 A 进行归一化处理 $A^{'}$ =（0.2663 0.1550 0.1310 0.1610 0.2868）

则评价值为 T= $A^{'}$ *V=（0.2663 0.1550 0.1310 0.1610 0.2868）* $\begin{bmatrix} 5 \\ 4 \\ 3 \\ 2 \\ 1 \end{bmatrix}$ =2.9533

从计算结果上看：26.63% 的人认为体育精神协同效应"最大"，15.50% 的人认为"较大"，13.10% 的人认为"一般"，16.10% 的人认为"较小"，28.68% 的人认为"最小"。按最大隶属度原则，此例中体育精神维度的协同效应预先评价为"最小"。通过预先设计的评语集，通过计算得分为 2.9533 分，协同效应预先评价的结果为"一般"，说明辽宁省冬奥雪上项目与大众滑雪运动在体育功能维度上协同效应一般。

（三）辽宁省冬奥雪上项目与大众滑雪运动协同效应的定性分析

1. 组织管理协同效应的定性分析

根据第四章第二节模糊综合评价结果，在组织管理协同维度上，辽宁省冬奥雪上项目与大众滑雪运动协同效应不明显，下面围绕组织管理协同的发展政策、保障机制、组织机构、项目规则等内容进行定性讨论与分析。

（1）发展政策协同的讨论与分析

2015 年北京冬奥会申办成功，国家提出"三亿人参与冰雪运动"发展目标。在此背景下，作为我国冬季项目普及开展的主要省份，为促进冰雪运动发展，辽宁省陆续下发相关文件从竞技冰雪、大众冰雪、冰雪产业等多个维度进行部署。2020年2月辽宁省下发《关于加快推动辽宁冰雪运动发展的实施意见》（辽政办发〔2020〕3号），文件将2022年北京冬奥会作为切入点，从政策设计和贯彻落实两个角度提出了明确目标、各项任务和具体要求，所涵盖的冰雪运动包含竞技冰雪、群众冰雪、冰雪产业、冰雪设施建设等众多领域，这是目前辽宁省唯一一份从省政府层面对竞技滑雪、大众滑雪、滑雪产业做出全面部署的政策性文件。解读文件不难发现，虽然目标明确，但在促进冬奥雪上项目竞技实力提升与大众滑雪运动协同发展举措上还略显单一，大部分都是点对点各自为战，缺乏有效的资源要素整合。除此之外，辽宁省还陆续下发了《辽宁省人民政府关于加快发展健身休闲产业的实施意见》（辽政办〔2016〕152号）、《辽宁省体育领域供给侧结构性改革实施方案》（辽政办〔2016〕148号）等文件，体现了辽宁省政府和体育主管部门积极应对国家政策，主动对接民众健身休闲需求，促进体育产业发展，特别是利用本省的冰雪资源优势大力培育和发展滑雪运动的决心和态度。但显而易见的是，在如何在政策上统筹冬奥雪上项目和大众滑雪运动协同发展方面，政策举措还未得到有效整合，致使发展政策协同效应一般。

（2）保障机制协同效应的讨论与分析

举国体制背景下，我国冬奥雪上项目运动员各方面的保障机制比较健全，为保证雪上项目高质量发展，已经建立了比较系统完备的保障体系与运行机制。各级运动队的职业运动员都有稳定的工资收入，各类保险机制也比较齐全。但非编制内的运动员，目前辽宁省还未建立独立完备的医疗救助补贴保障机制。在大众滑雪运动普及发展方面，仅以医疗保险机制为例，通过对辽宁滑雪场调研发现，各大雪场普遍存在游客保险机制不健全问题。目前辽宁省滑雪场购买保险有两种形式：一种是雪场购买保险，另一种是自己购买保险，且各雪场大部分都没有专业的医疗救助机构。同时，由于雪场管理人员、服务人员风险管理意识较低，加之很多初学者对滑雪运动认识不足，时常出现游客受伤事故，要保证大众滑雪运动健康发展，建立健全医疗保障机制势在必行。综上，冬奥雪上项目职业运动员发展的保障机制比较健全，大众滑雪运动发展的保障机制亟需完善，有效整合资源促进冬奥雪上项目与大众滑雪运动协同发展的保障机制协同效应更加不明显。

（3）组织机构协同的讨论与分析

走访调查发现，辽宁省冬奥雪上项目发展的主管部门为辽宁省冬季雪上项目管理中心，大众滑雪运动的组织管理和规划实施由辽宁省体育局群体处负责，辽宁省体育总会协助参与某些重大比赛的举办。目前，辽宁省大众体育有九个品牌赛事，其中之一就是"冰雪辽宁"，包括系列赛、挑战赛以及海上穿越等主题冰雪活动。在冰雪运动技能培训方面，辽宁省雪上运动参与者的技能学习和业余训练一般是通过自学和俱乐部学习相结合的方式得以实现。群体处连续组织了2年的大众滑雪赛事和培训，均为免收参赛费和培训费（比赛期间组织相关知识和技能培训），培训主要是针对青少年群体。2016年大众滑雪系列赛共举办5站比赛，设大回转和高山速降两个项目，参赛人数在800人左右，参加培训青少年爱好者有1000人左右；为了提高滑雪爱好者的参赛热情，2017年更名为大众滑雪积分赛，全年同样举办5站比赛，取消了高山速降项目（该项赛事的难度较小），仅设大回转一个项目，参赛人数1000人左右，参加培训人数约为2000人。赛场赛道经由专业裁判规划，考虑到大众体育的特点，为提高参赛者的兴趣、完成度以及安全性，对比赛场地重新设计，降低难度。辽宁省冬季项目管理中心负责冬奥雪上项目的训练、培训赛事等工作。目前看，辽宁省冬季运动管理中心和体育局群体处作为负责冬奥雪上项目和大众滑雪运动发展的两个机构，各司其职，还未基于建设冰雪强省目标，全面建立长效的沟通交流机制，导致组织机构协同效应不明显。

（4）项目规则协同效应的讨论与分析

无论是冬奥雪上项目，还是大众滑雪运动，在运动技术规范等方面基本都沿用国家体育总局冬季运动中心的有关要求。在比赛规则方面，由于大众滑雪运动参与人群为普通民众，在竞技滑雪比赛规则上会做相应调整。从大众滑雪裁判员来源途径看，基本上来源于辽宁省体育局和沈阳体育学院，机关处室拥有相关经验人员和在编教练员都会成为主要执裁力量。从辽宁省大众滑雪开展情况看，还没有引入社会力量或市场参与比赛的裁判工作。辽宁省冬奥雪上项目裁判员的选派工作是由冬季雪上项目管理中心负责，竞技滑雪运动的竞技性项目规则在辽宁省大众滑雪运动中并没有完全适用，这主要是因为辽宁省大众参与水平还有待提升。滑雪指导员的数量还需加强，只有更专业的滑雪指导员的加入，才会使得竞技滑雪运动的项目规则与大众滑雪运动的项目规则实现充分的有效共享。

2. 体育功能协同效应的定性分析

根据第四章第二节模糊综合评价结果，在体育功能协同维度上，辽宁省冬奥雪上项目与大众滑雪运动协同效应不明显，下面围绕体育功能协同的健身功能、娱乐功能、教育功能、经济功能等内容进行定性的讨论与分析。

（1）健身功能协同效应的讨论与分析

健身功能是体育功能中最本质的功能，也是大众滑雪爱好者参加此类活动的初衷所在。长期的滑雪运动不但能使人体内沉积的糖分与脂肪得到充分燃烧，减脂塑形，而且可以有效提高人体心肺功能，对于预防心脑血管疾病、缓解抑郁症与过度疲劳也具有积极作用。因此，大众滑雪爱好者在追求滑雪技能提升的过程中，体质健康水平不断提升。目前，辽宁省参加大众滑雪运动人群中主要以"发烧友"为主要群体，辽宁省体育局群体处张科长认为，"发烧友"这类大众滑雪爱好者群体的专业程度丝毫不亚于专业运动员，他们的训练水平、运动装备、比赛的投入均处在较高水平。对于冬奥雪上项目参与者而言，参与项目训练初期，更多的是运动技能习得和强身健体，突出的是健身功能；随着竞技水平的不断提高，滑雪项目的竞技性远远超越健身属性，凸显出竞技体育追求更高、更快、更强的奥林匹克精神。截至 2020 年底，辽宁各级各类运动队雪上项目注册在训运动员有 400 余人，要在健身功能方面实现冬奥雪上项目与大众滑雪运动协同发展，就要充分发挥冬奥雪上项目参与者（运动员）的示范引领作用，投身于大众滑雪运动普及开展之中，为吸引更多的滑雪人群做出积极贡献，这是促进冬奥雪上项目与大众滑雪运动健身功能协同效应最大化的必然选择。

（2）娱乐功能协同的讨论与分析

滑雪运动具有快速、壮观、惊险、多变等特点，滑雪参与者远离城市的喧嚣和污染，投身在"银装素裹"之中，置身于雪山峻岭间及林海雪原中，与大自然紧密结合，与山、与林、与雪融为一体，尽赏变幻莫测的冬景奇观，伴雪共舞，在大自然中陶冶情操，充分体验滑雪过程中蕴含的惊险与刺激，饱享冬季大自然所赋予的无限欢乐，这是冬奥雪上项目与大众滑雪运动共同具有的娱乐功能。本书调查走访了 2020 年来沈阳白清寨滑雪场参与滑雪的部分人群（366 人），发现滑雪运动参与者、爱好者乃至狂热的滑雪"发烧友"数量与日俱增，从参与群体的特性来看，大多为中青年爱好者，且多以获得娱乐为目的。究其原因，一方面随着可支配收入的提升，人民群众开始将关注的重点聚焦在如何提高自身生活质量上，另一方面主要表现在滑雪运动所带来的愉悦体验和惊险刺激中蕴含的娱乐功能。冬奥雪上项目与大众滑雪项目相比，更具惊险与刺激，在对自由式滑雪空中技巧国家队部分队员采访中发现，大部分运动员一方面通过项目训练比赛要获得优异运动成绩，另一方面也痴迷于该项目极具挑战和惊险刺激的项目属性，充分体会到自由式滑雪空中技巧项目之难、之美、之趣。由此可见，从娱乐功能维度考量，冬奥雪上项目与大众滑雪运动的协同效应发挥得最为明显。

（3）教育功能协同效应的讨论与分析

无论是竞技体育，还是大众体育，其教育功能是毋庸置疑的，这也是体育的核心功能。首先，滑雪运动参与者积极学习滑雪知识和技能本身就是自我学习和提高的过程；其次，和其他运动项目相比较，滑雪运动对体能和意志力的要求更为严苛，练习者不但要对抗严寒带来的机体不适，锻炼良好的身体适应能力，还需要有过硬的意志品质。青少年和学生群体主要是在获得教育价值和知识与技能的同时，个人的意志力、思想品德、对待比赛的胜负观、公平比赛等方面也都得到加强。教育功能协同指的是冬奥雪上项目与大众滑雪运动在教育功能上可以实现共享，就辽宁而言，校园冰雪运动作为实现大众滑雪运动教育功能的重要载体，其普及开展效果不尽理想，主要是受经费、政策所限；在冬奥雪上项目教育功能方面，通过采访辽宁籍在训的雪上项目运动员得知，参与训练与比赛的目的还停留在获得优异运动成绩层面，对项目本身蕴含的诸多教育功能重视不够，在助力大众滑雪运动普及开展方面作用发挥也不充分，使得辽宁省冬奥雪上项目与大众滑雪运动在教育功能维度上协同效应较小。

（4）经济功能协同效应的讨论与分析

滑雪运动对于辽宁经济的促进作用主要体现在滑雪赛事和大众滑雪产业两个方面。就辽宁而言，对于冬奥雪上项目来说，主要通过承办和举办各类滑雪赛事，通过有效的赛事营销来促进地方经济发展。大众滑雪作为辽宁省群众体育的重要组成部分，对省域经济发展促进作用较为直观，促进冰雪产业的发展，各个业态都有不同程度的体现。从参与者角度来说，他们首先要购买或租赁滑雪服装和设备，势必带动体育服装用品的消费；其次，进入雪场的门票购买也占据了较大的支出比例，从目前辽宁省的滑雪场门票定价来看，还较为合理，相对黑龙江、河北、北京等地普遍较低，有利于参与者接受，以价格优势吸引更多滑雪人群；此外，滑雪需要的技术指导和志愿者服务也可带动滑雪指导员的市场发展。目前，辽宁省大众滑雪市场开发、运营、宣传、品牌打造等方面还不够完善，主要是以各个滑雪场、俱乐部独自推广的形式开展，单打独斗、各自为政，未能形成影响大、覆盖面广、市场价值高的市场推广联盟或组织，与之相对应的市场推广方式还有待于进一步完善和加强。仅就辽宁而言，冬奥雪上项目赛事开发与大众滑雪产业还未能整合资源，形成

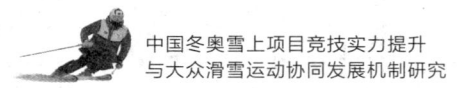
合力，尤其是大众滑雪产业发展远远落后于相毗邻的吉林、黑龙江、河北等省份，辽宁省冬奥雪上项目与大众滑雪的经济功能协同效应并不十分明显，需要抢抓机遇，全面有效整合相关资源，统筹设计冬奥项目赛事与大众滑雪产业协同发展实施方案，以冰雪产业为载体大力促进辽宁省体育产业转型升级。

3. 资源配置协同效应评价的定性分析

根据第四章第二节模糊综合评价结果，在资源配置协同维度上，辽宁省冬奥雪上项目与大众滑雪运动协同效应较为明显，下面围绕资源配置协同的人力资源、经费配置、场地设施、市场推广、运动技能、赛事经验等内容进行定性的讨论与分析。

（1）人力资源协同效应的讨论与分析

有效提升雪上项目综合竞技实力和大众滑雪运动发展水平，需要大量的滑雪教练员、运动员、裁判员、社会体育指导员等人力资源作保障。截至 2020 年 12 月，辽宁省体育局冬季运动管理中心设置的冬奥雪上项目共有 10 项，即高山滑雪、自由式滑雪、单板滑雪、冬季两项、越野滑雪、跳台滑雪、北欧两项、雪车、雪橇、钢架雪车；注册雪上项目运动员 600 余人，沈阳体育学院竞技体育学校涵养了自由式滑雪、单板滑雪、高山滑雪等后备人才 100 余人；拥有具备教练员资质的冬奥雪上项目各级各类教练员 40 余人；15 名教练员和 91 名运动员备战 2022 年冬奥会。在大众滑雪方面，辽宁省拥有滑雪指导员 1672 人，2018—2019 年雪季滑雪人数 126 万。辽宁省冬奥雪上项目与大众滑雪运动在人力资源维度上协同效应较好，一方面，冬奥雪上项目的相关人力资源，如我国第一个雪上项目奥运冠军韩晓鹏是辽宁省滑雪协会会长，第一个雪上项目世界冠军徐囡囡是辽宁省校园冰雪运动的形象大使，通过开展讲座、举办冬令营、宣传滑雪文化、推广校园冰雪运动等形式，有力地促进了辽宁大众滑雪运动的普及提高。同时，大众滑雪运动发展水平的不断提升，特别是校园冰雪运动的蓬勃发展，将为冬奥雪上项目积累更多的优质后备人才，从而为辽宁冬奥雪上项目发展提供充分的竞技体育后备人才。

（2）场地设施协同效应的讨论与分析

滑雪场地设施是促进滑雪运动发展的重要保障。无论是冬奥雪上项目的训练比赛，还是大众滑雪运动的普及开展，都离不开必要的场地设施。截至 2020 年 12 月，辽宁省拥有滑雪场 38 家，滑雪场占地面积 712 万平方米，平均每个雪场日接待 2600 余人次，直接消费和拉动相关产业约 8.5 亿元。目前，辽宁省滑雪场规模普遍比较小，还没有雪道面积超过 100 公顷的大型雪场；垂直落差超过 300 米仅有抚顺聚隆滑雪场、丹东天桥沟滑雪场，其他滑雪场落差均不超过 300 米；作为雪场配套设施之一的上山索道，目前也没有厢式索道。总体上看，除白清寨滑雪场建有自由式滑雪空中技巧和单板 U 型槽两个场地可以承担国际赛事外，其他滑雪场没有适应国内外大型赛事的高级雪道，均不符合国际赛事标准。由此可见，辽宁省可供冬奥雪上项目运动员训练比赛的滑雪场地设施匮乏，基本上都是以满足大众滑雪为主要功能，冬奥雪上项目与大众滑雪在场地设施维度上协同效应不明显。辽宁省正在全力申办 2027 年全国冬季运动会，争取成为全国第一个既举办过夏季全运会又举办过冬季全运会的省份，为申办全国冬运会和普及冰雪运动，辽宁省应在东部山区的抚顺或本溪规划建设一至两个符合国际赛事标准、雪道垂直落差在 800 米以上的高级滑雪场，以满足冬奥雪上项目发展需要；同时，要积极引导省内现有中低档滑雪场，尽快提档升级，完善配套设施，提升服务功能，提高域内外知名度，以促进大众滑雪运动又好又快发展，从而实现冬奥雪上项目与大众滑雪在场地设施维度上的协同共享。

（3）运动技能协同效应的讨论与分析

运动技能是冬奥雪上项目运动员获得优异运动成绩的关键所在，也是大众滑雪运动爱好者充分体验滑雪乐趣所需的必要技能。尽管冬奥雪上项目运动员所要习得的滑雪运动技能和大众滑雪爱好者相比，其难度和复杂程度都要高，但两者在需要掌握的滑雪核心运动技能方面是一致的，滑雪运动技术的基本要领以及所需的平衡能力、感知能力、领悟能

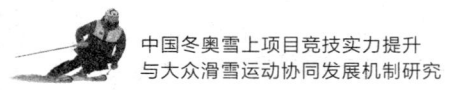
力等要求均一脉相承，这是冬奥雪上项目与大众滑雪运动在运动技能维度上实现协同的客观基础。

为促进冬奥雪上项目与大众滑雪运动在运动技能维度上的有效协同，辽宁省采取了许多卓有成效的举措：以辽宁省高校冰雪运动理论与方法创新团队为依托，陆续完成了《中国大众滑雪科学健身指导研究与技术等级标准体系构建》《滑雪（高山）社会体育指导员培训和考核教材与试题库建设》《全国大众滑冰、大众滑雪技术等级标准与考核评定办法研究》《中国自由式滑雪空中技巧青少年训练大纲制定研究》等多项科技服务项目，构建了融合《滑雪指导员国家职业资格培训工作手册》《高山滑雪社会体育指导员考核体系》《中国大众滑雪科学健身指导研究与技术等级标准体系》《滑雪（高山）社会体育指导员培训和考核教材》等四位一体的运动技能协同体系，并依托沈阳体育学院丰富的冬奥雪上项目专业教练员、运动员、裁判员等人力资源，举办了十届滑雪冬令营，有力地促进了辽宁省滑雪运动水平提升。

（4）赛事经验协同效应的讨论与分析

举办赛事是促进滑雪运动发展的重要载体。尽管冬奥雪上项目赛事与大众滑雪赛事在组织管理、运营流程、宣传推广、品牌塑造等方面不尽相同，但由于都是滑雪运动赛事，立足滑雪项目特点，有效整合辽宁省场地设施、人才、经费等各项资源，实现冬奥雪上项目与大众滑雪运动在赛事经验维度上的协同共享，是以冰雪赛事为手段推动辽宁滑雪运动发展的重要举措。近五年来，由于辽宁省缺乏具有承办国内外赛事的高标准滑雪场，冬奥雪山项目赛事举办比较少，仅依托白清寨滑雪场拥有的自由式滑雪空中技巧和单板 U 型槽场地，累计举办过 4 次国内锦标赛和世界杯分站赛。在大众滑雪赛事方面，辽宁省曾举办三届冰雪运动会。由此可见，辽宁省无论是冬奥雪上项目赛事，还是大众滑雪赛事，举办或承办的数量较少，在赛事经验维度上实现有效协同还缺乏必要的实践基础。沈阳体育学院是一所冰雪特色鲜明的体育行业骨干院校，拥有一大批具有举办国内外大型体育赛事经验的行业专家和学者，辽宁省要充分利用滑雪赛事方面的人才和地域优势，积极争取承办和举办更多的冬奥雪上项目相关赛事和大众滑雪赛事，积累丰富的赛事经验，实现冬奥雪上项目和大众滑雪赛事在赛事举办上互相借鉴、互相促进、共同提升的发展目标。

（5）经费配置协同效应的讨论与分析

辽宁省冬奥雪上项目发展主要依托于举国体制，其经费配置由国家财政负责，经费主管部门为辽宁省体育局，由其所属的竞训处和冬季运动管理中心使用，主要用于支配在编运动员工资、训练及比赛经费、所需设备购置经费等。辽宁省发展大众滑雪运动所需经费主要来源于体育彩票公益金，由辽宁省体育局群体处具体使用，主要用于举办大众冰雪赛事、培训滑雪指导员、开展校园冰雪运动等滑雪普及活动等，经费需要提前进行预算；另外，辽宁省旅游局也会以立项的方式重点支持一些具有特色的滑雪场，通过专项经费配置，促进滑雪场健康持续发展。由于辽宁省冬奥雪上项目赛事和大众滑雪运动品牌效应不明显，以广告、招商、冠名等市场行为吸引更多社会力量参与活动，但获得的发展经费数量十分有限。综上，由于冬奥雪上项目与大众滑雪运动发展所需经费配置来自不同渠道，其经费使用上也相对各自独立，两者在经费配置维度上协同效应不明显。辽宁省发展滑雪运动具有得天独厚的地域优势，要促使冬奥雪上项目与大众滑雪运动协同发展，就需要有充足的经费保障。要切实加强冬奥雪上项目与大众滑雪运动在经费配置与使用上的协同共享，既要保证以提升竞技实力为主要目标的冬奥雪上项目发展所需经费，也要统筹配置使用好大众滑雪运动发展所需的必要经费；同时要创新经费获取渠道，积极吸纳社会资源共同助力辽宁滑雪运动发展，以提高冬奥雪上项目与大众滑雪运动协同发展所需的经费配置保障度。

（6）市场推广协同效应的讨论与分析

随着我国体育产业的发展，依托冬奥雪上项目所产生的大型赛事、职业运动员交流将进一步市场化和商业化。同时，大众滑雪运动作为辽宁省群众体育的重要组成部分，滑雪产业及相关产业对省域经济发展的

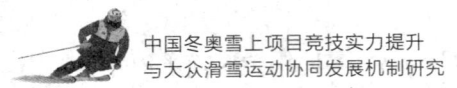
促进作用将更为直观，市场机制在大众滑雪产业发展中的作用无可替代。目前，辽宁省在冬奥雪上项目和大众滑雪市场推广协同方面，采取了许多有效举措：发挥韩晓鹏、徐囡囡等冬奥会雪上项目优秀运动员的名人效应，深入学校、社会宣传滑雪运动，普及滑雪文化；全力打造辽宁滑雪场品牌，提高大众滑雪吸引力，扩大滑雪人群基数，选拔培养冬奥雪上项目后备人才；打通冬奥雪上项目赛事与大众滑雪运动赛事共享壁垒，建立市场推广共享机制；发挥退役冬奥雪上项目优秀运动员作用，提升滑雪技术指导专业化水平，建立具有较高专业水准的大众滑雪指导培训体系，培育壮大滑雪培训产业；推进青少年冰雪运动普及，培育冰雪运动爱好群体，持续扩大冰雪经济发展的市场空间。通过上述举措，辽宁省冬奥雪上项目与大众滑雪运动在市场推广维度上实现了有效的协同共享。

尽管如此，与相毗邻的吉林、黑龙江、河北等省份相比，辽宁省冬奥雪上项目赛事产业和大众滑雪产业发展水平总体不高。冬奥雪上项目赛事数量、层次还处于较低水平，在市场开发、运营、宣传、品牌打造等方面还未能形成特色优势，加之辽宁省滑雪场大都是中小企业操盘，企业实力和品牌知名度居中下游水平，对省内外客人吸引力不够，严重影响滑雪产业高质量发展。辽宁要抓住 2022 年冬奥会契机，充分发挥辽宁教育大省、体育大省优势，依托沈阳体育学院雪上项目人才资源和冬奥冠军效应，协同打造滑雪竞技产业和大众滑雪产业品牌。

4. 体育精神协同效应评价的定性分析

根据第四章第二节模糊综合评价结果，在体育精神协同维度上，辽宁省冬奥雪上项目与大众滑雪运动协同效应一般，下面围绕体育精神协同的体育道德、体育意识、体育理想等内容进行定性的讨论与分析。

（1）体育道德协同效应的讨论与分析

体育道德是指运动员、教练员和裁判员在体育活动中应当遵循的道德规范。中国体育运动以增强人民体质，力争在世界体坛赢得荣誉为宗旨。体育基本道德规范是：热爱体育事业，勇攀世界高峰；刻苦训练，钻研技术；

不伤对手，公平竞争，尊重裁判；对教练工作认真负责，做好日常训练、临场指挥和赛后总结；裁判执法公正等。在对冬奥雪上项目运动员、教练员和大众滑雪爱好者、辽宁省体育局群体处等相关人员访谈调查中了解到，无论是冬奥雪上项目运动员、裁判员，还是大众滑雪爱好者，对于体育道德及其基本规范的观念认同与行为遵守是一致的，两者在此维度上的协同效应较为明显。尽管在冬奥雪上项目训练比赛中对公平竞争、尊重裁判、刻苦训练、钻研技术等体育道德规范方面要求极高，但大众滑雪运动作为一种体育项目，参与者首先要热爱这项运动，同样需要高超的运动技术，更要在参与比赛中做到公平竞争、尊重裁判，不能出现服用兴奋剂、虚假年龄、裁判不公等违反体育道德的行为。由此可见，冬奥雪上项目与大众滑雪运动在体育道德方面的协同是基于滑雪项目本身的客观要求，也是滑雪运动参与者必须共同遵守的基本道德规范。

（2）体育意识协同效应的讨论与分析

《体育科学词典》一书中，将体育意识定义为体育运动的现象、本质及规律在人们头脑中的反映，是人们关于体育运动的心理活动与认知系统，如情感、意志、价值观念等。辽宁省培养了我国第一个冬奥雪上项目世界冠军，获得了冬奥会雪上项目12枚奖牌中的10枚，在示范效应带动下，将极大地激发群众的滑雪激情和参与滑雪的意愿，有助于加深滑雪参与者对于项目本身价值的理解，在滑雪实践活动中锻炼意志，从而提升全民的体育意识水平。同时，随着大众滑雪基础人群的不断增多，有利于宣传滑雪文化，在全社会营造滑雪健身、缓解疲劳、休闲娱乐的良好氛围，促进民众增强参与滑雪意识，使越来越多的青少年投身于滑雪运动之中，为培养冬奥雪上项目后备人才提供人力资源储备。辽宁既是冬奥雪上项目优秀运动员培养的重要源头，也是我国开展大众滑雪运动的主战场，冬奥雪上项目与大众滑雪运动在体育意识维度上的协同效应较为明显，有力地促进了辽宁滑雪运动整体水平的提升。

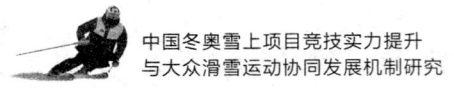
（3）体育理想协同效应的讨论与分析

体育理想是运动员或体育运动爱好者自我观念的深化发展，一定程度上反映个体的运动抱负。在对辽宁雪上项目优秀运动员冬奥会冠军韩某某、世界冠军徐某某、贾某某，国家队教练员纪某、牛某某访谈中了解到，冬奥雪上项目运动员在追求更快、更高、更强的奥林匹克理想等方面表现十分突出，特别是通过参与国际大赛的披金夺银，所体现的为国争光、振奋民族精神和民族自豪感的体育理想极其认同，并转化为刻苦训练的精神动力；作为项目本身的身心一统、挑战自我、不畏强手、不怕困难等体育理想，也是冬奥雪上项目相关运动员、教练员的不懈追求。编写组也访谈了部分滑雪爱好者（均具有 5 年以上滑雪经历），普遍认为对于滑雪运动本身带来的不怕困难、挑战自我、身心一统等体育理想内容，高度认同，并体现在具体的滑雪运动实践活动之中。但由于冬奥雪上项目与大众滑雪运动的终极目标不尽相同，使得对于为国争光、增强民族自信等层面的体育理想，并不完全认同，这与参与大众滑雪运动的初衷相一致。因此，辽宁省在冬奥雪上项目与大众滑雪运动在体育理想维度上的协同效应表现并不明显。

第五章

结论与展望

　　本书综合运用德尔菲法、问卷调查法、访谈法、数理统计等研究方法，以我国冬奥雪上项目与大众滑雪运动协同发展机制为研究对象，在建构冬奥雪上项目与大众滑雪运动协同机会内容结构模型基础上，阐述了冬奥雪上项目与大众滑雪运动协同发展机制，提出了该机制实现的管理策略，对国家层面冬奥雪上项目与大众滑雪运动的协同效应进行了定性分析，以辽宁省为个案研究对象对其冬奥雪上项目与大众滑雪运动协同效应进行了定量与定性评价分析。

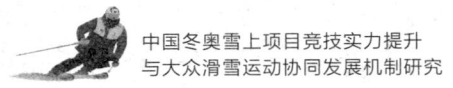
第一节　研究结论

一、建构了冬奥雪上项目与大众滑雪运动协同机会内容结构模型

　　运用德尔菲法研究得出了我国冬奥雪上项目与大众滑雪运动协同机会17项内容要素：政策协同、保障机制协同、组织机构协同、项目规则协同、健身功能协同、娱乐功能协同、教育功能协同、经济功能协同、人力资源协同、场地设施协同、运动技能协同、赛事经验协同、经费配置协同、市场推广协同、体育道德协同、体育意识协同、体育理想协同；运用探索性因素分析、验证性因素分析构建了冬奥雪上项目与大众滑雪运动协同机会内容结构模型。

二、阐析了冬奥雪上项目与大众滑雪运动协同发展机制

　　本书从复杂开放系统、具备远离平衡状态、复杂非线性系统、系统因涨落而发生突变等四个方面论证了冬奥雪上项目与大众滑雪运动复合系统具有自组织发展特征基础上，提出建构了冬奥雪上项目与大众滑雪运动协同发展机制的适应性、互补性、利益共生等三条原则，基于冬奥雪上项目与大众滑雪运动协同内容结构模型，建构了冬奥雪上项目与大众滑雪运动协同发展机制框架。

　　在系统作用机制方面，从冬奥雪上项目对大众滑雪运动发展具有引导作用、冬奥雪上项目强化了全社会对大众滑雪的参与意识、冬奥雪上项目发展为大众滑雪运动提供专业化指导、冬奥雪上项目发展将为大众滑雪运动提供场地设施支撑等四个方面阐析了冬奥雪上项目系统对大众滑雪运动子系统的作用机制；从大众滑雪运动发展可为冬奥雪上项目提供人力资源、大众滑雪运动发展为冬奥雪上项目储备优秀后备人才、大众滑雪运动发展促进冬奥雪上项目特色文化形成、大众滑雪运动的普及

提高将会拓展冬奥雪上项目市场等四方面阐析了大众滑雪运动系统对冬奥雪上项目子系统的作用机制。

在系统运行机制方面，从系统相关主体对核心资源配置的内在需求、冰雪强国建设对系统协同发展的客观要求等两个方面分析了冬奥雪上项目系统与大众滑雪运动系统的驱动机制；从冬奥雪上项目与大众滑雪运动发展水平不平衡、冬奥雪上项目与大众滑雪运动发展的文化冲突、冬奥雪上项目与大众滑雪运动发展外部环境不一致等三个方面分析了冬奥雪上项目系统与大众滑雪运动系统的阻滞机制。

在协同发展机制内容方面，从组织管理协同、体育功能协同、资源配置协同、体育精神协同等四个维度，从发展政策、保障机制、组织机构、项目规则、健身功能、娱乐功能、教育功能、经济功能、人力资源、场地设施、运动技能、赛事经验、经费配置、市场推广、体育道德、体育意识、体育理想等十七个方面阐述了冬奥雪上项目与大众滑雪运动协同发展机制的内容要素。

在机制实现管理策略方面，基于冬奥雪上项目与大众滑雪运动协同机会内容结构模型，结合冬奥雪上项目和大众滑雪运动发展现实状况，从强化组织管理协同、完善体育功能协同、优化资源配置协同、促进体育精神协同等四个维度提出了冬奥雪上项目与大众滑雪运动协同发展机制实现的管理策略。

三、建立了冬奥雪上项目与大众滑雪运动协同效应评价指标体系

以冬奥雪上项目与大众滑雪运动协同机会内容结构模型为支撑，运用层次分析法建立了包含组织管理协同、体育功能协同、资源配置协同和体育精神协同等四个一级指标，发展政策、保障机制、组织机构、项目规则、健身功能、娱乐功能、教育功能、经济功能、人力资源、场地设施、运动技能、赛事经验、经费配置、市场推广、体育道德、体育意识、体育理想等十七个二级指标的冬奥雪上项目与大众滑雪运动协同效应评价指标体系，确定了指标权重。

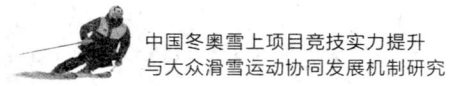
四、全面分析了冬奥雪上项目与大众滑雪运动协同效应

基于国家层面宏观数据，定性评价分析了冬奥雪上项目与大众滑雪运动国家层面的协同效应；以辽宁省为个案研究对象，提出了辽宁省冬奥雪上项目与大众滑雪运动协同发展策略；运用模糊综合评价法，定量评价分析了辽宁省冬奥雪上项目与大众滑雪运动协同效应；基于辽宁省宏观数据，结合定量评价分析结果，从两个子系统协同机会识别内容的十七个方面，定性评价分析了辽宁省冬奥雪上项目与大众滑雪运动协同效应。

第二节　研究不足与展望

本书基于体育强国建设国家战略，立足我国冬奥雪上项目竞技实力薄弱，大众滑雪运动发展水平不高的严峻现实，研究了冬奥雪上项目竞技实力提升与大众滑雪运动协同发展的理论与实践问题，是协同理论与体育战略管理理论交叉融合研究的一种实践探索，在一定程度上促进了相关理论的丰富和发展，也为协同提升我国冬奥雪上项目与大众滑雪运动发展水平提供了参考与借鉴，研究成果具有一定的理论与现实意义。然而，冬奥雪上项目与大众滑雪运动协同发展问题是一个复杂的系统工程，尽管本书基于协同理论较为系统地研究了冬奥雪上项目与大众滑雪协同机会内容要素、协同效应评价、发展机制及实现策略等相关问题，但由于受制于研究能力与时间有限，在冬奥雪上项目与大众滑雪运动协同发展模型构建、发展机制内外环境分析、机制实现管理策略系统化等方面还需要进行深入研究。特别是随着2022年北京冬奥会的成功举办，如何在后冬奥时代有效促进冬奥雪上项目与大众滑雪运动高质量发展，还需要依据政策支持、发展环境的变化做进一步系统深入研究。

一、研究不足

（一）关于冬奥雪上项目与大众滑雪运动协同发展模型问题

本书论证并构建了冬奥雪上项目与大众滑雪运动协同机会内容结构模型，对两者协同的驱动机制与阻滞机制进行了分析，也提出了具体协同管理策略，但并未基于协同学序参量构建冬奥雪上项目与大众滑雪协同发展模型，对冬奥雪上项目与大众滑雪运动两个子系统间物质与能量传递、信息有效交流等问题做出深入讨论与分析。

（二）关于冬奥雪上项目与大众滑雪运动协同发展机制内外环境问题

本书分析了冬奥雪上项目与大众滑雪运动系统相互作用机理、运行机理等问题，对系统发展所处的外部环境进行了分析，但书中并未对系统发展的内部环境进行必要分析，尤其是缺少基于内、外环境协同的系统环境分析，使得本书在冬奥雪上项目与大众滑雪运动协同机制理论分析上还略显单薄。

（三）关于冬奥雪上项目与大众滑雪运动协同发展机制实现策略系统化问题

本书基于冬奥雪上项目与大众滑雪运动协同机会、协同效应评价、协同机制等已有成果，立足举办 2022 年北京冬奥会和实现"三亿人参与冰雪运动"发展目标，结合当下我国冬奥雪上项目与大众滑雪运动协同发展现实状况，提出了两者协同发展机制的实现管理策略，但所提策略还缺乏系统化。

二、研究展望

（一）后冬奥时代我国冰雪运动如何实现高质量发展

随着 2022 年北京冬奥会的成功举办，冬奥项目整体竞技实力有了较大提升，冬奥冰上和雪上项目竞技实力格局也发生重大变化，实现了均

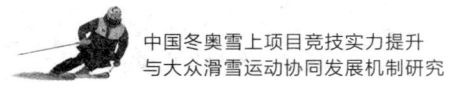
衡发展；同时，以"三亿人参与冰雪运动"目标实现为标志的大众冰雪运动普及程度显著提高，我国冰雪运动发展已进入新的历史阶段。后冬奥时代，随着冰雪运动发展环境的不断变化，如何在已有发展基础上，深入挖掘冰雪运动发展过程中存在的问题，建立冰雪运动高质量发展运行与评价机制，将是本书持续关注并深入研究的问题之一。

（二）如何科学构建冬奥雪上项目与大众滑雪运动协同发展模型

文献研究表明，协同论应用于体育领域的研究成果还不够丰硕，如何基于对协同论深入理解把握基础上，如何基于序参量构建冬奥雪上项目与大众滑雪运动协同发展模型，同时对冬奥雪上项目与大众滑雪运动两个子系统间物质与能量传递、信息有效交流以及内、外环境协同的系统环境等问题做出深入研究，也将是本书团队持续关注的研究问题之一。

（三）如何将形成的相关理论进行具体的实践应用

理论研究的终极目标是有效指导实践。本书编写过程中，虽然选取了具有典型代表意义的辽宁省作为个案研究对象，并进行了一定的实证研究，但如何与地方体育行政和教育行政部门建立长效科技服务机制，真正发挥决策咨询功能，切实把理论研究形成的相关成果与冰雪运动发展实践相融合，服务地方经济社会发展，还需要在以后的研究中进行深入探索与实践。

上述研究不足与展望，既是对本书存在不足的一个客观评判，也为未来如何在已有研究成果基础上，特别是后奥运背景下如何基于体育强国国家战略，全面推进冬奥雪上项目与大众滑雪运动协同发展，进一步指明了研究方向。

附　录

附录1

冬奥雪上项目与大众滑雪运动
协同机会内容要素调查问卷

（专家问卷第一轮）

尊敬的专家：

您好！这是一份学术调查问卷，调查的目的是全面了解冬奥雪上项目与大众滑雪运动协同机会内容要素，更好地解决我国冬奥雪上项目与大众滑雪运动协同发展问题。本调查采取无记名方式，调查结果只用于学术研究，下面请在每项要素您所认为的重要程度后面画"√"，并给出建议及补充。您的意见与建议将对本书有着十分重要的意义！

我们对您的支持表示衷心的感谢！

《我国冬奥雪上项目竞技实力提升
与大众滑雪运动协同发展机制研究》编写组
2021 年 12 月

专家签名：

职　　称：

职　　务：

工作单位：

序号	要素	内涵解释	非常重要 ⑤	比较重要 ④	一般重要 ③	不太重要 ②	极不重要 ①
1	发展政策协同	国家及各省（自治区、直辖市）及相关行业协会、社团组织有关冬奥雪上项目与大众滑雪运动支持政策协同共享					
2	保障机制协同	冬奥雪上项目与大众滑雪运动发展过程中所需的科技、保险、救助、补贴等一系列保障机制，两者协同共享					
3	组织机构协同	管理冬奥雪上项目与大众滑雪运动健康有序发展的政府组织部门和社团组织业余训练及培训机构，两者协同共享					
4	项目规则协同	有关冬奥雪上项目与大众滑雪运动的技术规范和裁判规则，两者协同共享					
5	服务本质协同	服务本质协同：冬奥雪上项目与大众滑雪运动两个子系统在服务本质方面协同					
6	健身功能协同	冬奥雪上项目与大众滑雪运动在促进参与者强身健体方面，两者可以协同共享					
7	娱乐功能协同	冬奥雪上项目与大众滑雪运动对调节人体的紧张情绪，改善生理、心理状态以及缓解压力增进感情交流、消除孤独寂寞使人精神愉悦等方面，两者协同共享					
8	教育功能协同	冬奥雪上项目与大众滑雪运动对提高参与者滑雪专业知识水平在对参与者规范教育、良好行为习惯养成等方面，两者协同共享					
9	经济功能协同	冬奥雪上项目与大众滑雪运动在促进地方经济发展等方面，两者协同共享					
10	政治功能协同	政治功能协同：冬奥雪上项目与大众滑雪运动两个子系统在政治功能方面的协同					
11	基础人力资源协同	基础人力资源协同指的是：冬奥雪上项目与大众滑雪运动两个子系统在发展过程中基础人力资源方面的协同					
12	专业人力资源协同	专业人力资源协同指的是：冬奥雪上项目与大众滑雪运动两个子系统在发展过程中专业人力资源的协同					
13	场地设施协同	冬奥雪上项目与大众滑雪运动发展中，在所需的滑雪场地、设施、滑雪装备等方面，两者协同共享					
14	培训机构协同	基础培训机构协同指的是：冬奥雪上项目与大众滑雪运动两个子系统在发展过程中参与者使用运动技术的协同					
15	社会业余培训体系协同	社会业余培训体系协同指的是：冬奥雪上项目与大众滑雪运动两个子系统在发展过程中参与者使用运动技术协同					

序号	要素	内涵解释	非常重要 ⑤	比较重要 ④	一般重要 ③	不太重要 ②	极不重要 ①
16	运动技能协同	有关冬奥雪上项目与大众滑雪运动的运动技能，两者可以协同共享					
17	赛事经验协同	冬奥雪上项目与大众滑雪运动发展中，在举办赛事经验方面，两者协同共享					
18	经费配置协同	在国家社会团体、企业对冬奥雪上项目与大众滑雪运动的经费投入发展经费支持方面，两者协同共享					
19	市场推广协同	冬奥雪上项目与大众滑雪运动两者在市场开发、项目推广宣传媒介、品牌打造等方面，可以协同共享					
20	媒体宣传协同	媒体宣传协同：冬奥雪上项目与大众滑雪运动两个子系统在宣传、推广等方面的协同					
21	滑雪文化协同	滑雪文化协同：冬奥雪上项目与大众滑雪运动两个子系统在体育道德，体育精神、项目文化等方面的协同					
22	发展环境协同	体育环境协同：冬奥雪上项目与大众滑雪运动两个子系统在参与者体育意识、群众项目认知度、政府项目发展重视度等体育环境方面的协同					
23	体育环境协同	体育精神协同：冬奥雪上项目与大众滑雪运动两个子系统体育环境方面协同					

您认为上述要素是否合理：

□非常合理　□比较合理　□一般　□不太合理　□不合理

您对本调查表的修改意见：

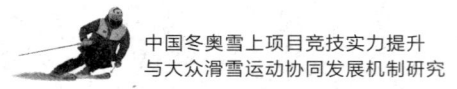
附录2

冬奥雪上项目与大众滑雪运动
协同机会内容要素调查问卷

（专家问卷第二轮）

尊敬的专家：

您好！这是一份学术调查问卷，调查的目的是全面了解冬奥雪上项目与大众滑雪运动协同机会内容要素，更好地解决我国冬奥雪上项目与大众滑雪运动协同发展问题。本调查采取无记名方式，调查结果只用于学术研究，下面请在每项要素您所认为的重要程度后面画"√"，并给出建议及补充。您的意见与建议将对本书有着十分重要的意义！

我们对您的支持表示衷心的感谢！

《我国冬奥雪上项目竞技实力提升

与大众滑雪运动协同发展机制研究》编写组

2022 年 1 月

专家签名：

职　　称：

职　　务：

工作单位：

序号	要素	内涵解释	非常 重要 ⑤	比较 重要 ④	一般 重要 ③	不太 重要 ②	极不 重要 ①
1	发展政策协同	国家及各省（自治区、直辖市）及相关行业协会、社团组织有关冬奥雪上项目与大众滑雪运动支持政策协同共享					
2	保障机制协同	冬奥雪上项目与大众滑雪运动发展过程中所需的科技、保险、救助、补贴等一系列保障机制，两者协同共享					
3	组织机构协同	管理冬奥雪上项目与大众滑雪运动健康有序发展的政府组织部门和社团组织业余训练及培训机构，两者协同共享					
4	项目规则协同	有关冬奥雪上项目与大众滑雪运动的技术规范和裁判规则，两者协同共享					
5	健身功能协同	冬奥雪上项目与大众滑雪运动在促进参与者强身健体方面，两者可以协同共享					
6	娱乐功能协同	冬奥雪上项目与大众滑雪运动对调节人体的紧张情绪，改善生理、心理状态以及缓解压力增进感情交流、消除孤独寂寞使人精神愉悦等方面，两者协同共享					
7	教育功能协同	冬奥雪上项目与大众滑雪运动对提高参与者滑雪专业知识水平在对参与者规范教育、良好行为习惯养成等方面，两者协同共享					
8	经济功能协同	冬奥雪上项目与大众滑雪运动在促进地方经济发展等方面，两者协同共享					
9	政治功能协同	政治功能协同：冬奥雪上项目与大众滑雪运动两个子系统在政治功能方面的协同					
10	人力资源协同	冬奥雪上项目与大众滑雪运动发展中，在所需的运动员、教练员、管理人员、产业经营者、滑雪爱好者、观众等人力资源方面，两者协同共享					

续　表

序号	要素	内涵解释	非常重要 ⑤	比较重要 ④	一般重要 ③	不太重要 ②	极不重要 ①
11	场地设施协同	冬奥雪上项目与大众滑雪运动发展中，在所需的滑雪场地、设施、滑雪装备等方面，两者协同共享					
12	培训机构协同	培训机构协同指的是：冬奥雪上项目与大众滑雪运动两个子系统在发展过程中参与者使用运动技术的协同					
13	运动技能协同	有关冬奥雪上项目与大众滑雪运动的运动技能，两者可以协同共享					
14	赛事经验协同	冬奥雪上项目与大众滑雪运动发展过程中，在举办赛事经验方面，两者协同共享					
15	经费配置协同	在国家社会团体、企业对冬奥雪上项目与大众滑雪运动的经费投入发展经费支持方面，两者协同共享					
16	市场推广协同	冬奥雪上项目与大众滑雪运动两者在市场开发、项目推广宣传媒介、品牌打造等方面，可以协同共享					
17	媒体宣传协同	媒体宣传协同：冬奥雪上项目与大众滑雪运动两个系统在宣传、推广等方面的协同					
18	滑雪文化协同	滑雪文化协同：冬奥雪上项目与大众滑雪运动两个子系统在体育道德，体育精神、项目文化等方面的协同					
19	发展环境协同	体育环境协同：冬奥雪上项目与大众滑雪运动两个子系统在参与者体育意识、群众项目认知度、政府项目发展重视度等体育环境方面的协同					
20	体育环境协同	体育精神协同：冬奥雪上项目与大众滑雪运动两个子系统体育环境方面的协同					

您认为上述要素是否合理：

□非常合理　□比较合理　□一般　□不太合理　□不合理

您对本调查表的修改意见：

附录 3

冬奥雪上项目与大众滑雪运动
协同机会内容要素调查问卷

（专家问卷第三轮）

尊敬的专家：

您好！这是一份学术调查问卷，调查的目的是全面了解冬奥雪上项目与大众滑雪运动协同机会内容要素，更好地解决我国冬奥雪上项目与大众滑雪运动协同发展问题。本调查采取无记名方式，调查结果只用于学术研究，下面请在每项要素您所认为的重要程度后面画"√"，并给出建议及补充。您的意见与建议将对本书有着十分重要的意义！

我们对您的支持表示衷心的感谢！

《我国冬奥雪上项目竞技实力提升
与大众滑雪运动协同发展机制研究》编写组
2022 年 1 月

专家签名：

职　　称：

职　　务：

工作单位：

序号	要素	内涵解释	非常重要 ⑤	比较重要 ④	一般重要 ③	不太重要 ②	极不重要 ①
1	发展政策协同	国家及各省（自治区、直辖市）及相关行业协会、社团组织有关冬奥雪上项目与大众滑雪运动支持政策协同共享					
2	保障机制协同	冬奥雪上项目与大众滑雪运动发展过程中所需的科技、保险、救助、补贴等一系列保障机制，两者协同共享					
3	组织机构协同	管理冬奥雪上项目与大众滑雪运动健康有序发展的政府组织部门和社团组织业余训练及培训机构，两者协同共享					
4	项目规则协同	有关冬奥雪上项目与大众滑雪运动的技术规范和裁判规则，两者协同共享					
5	健身功能协同	冬奥雪上项目与大众滑雪运动在促进参与者强身健体方面，两者可协同共享					
6	娱乐功能协同	冬奥雪上项目与大众滑雪运动对调节人体的紧张情绪，改善生理、心理状态以及缓解压力增进感情交流、消除孤独寂寞使人精神愉悦等方面，两者协同共享					
7	教育功能协同	冬奥雪上项目与大众滑雪运动对提高参与者滑雪专业知识水平在对参与者规范教育、良好行为习惯养成等方面，两者协同共享					
8	经济功能协同	冬奥雪上项目与大众滑雪运动在促进地方经济发展等方面，两者协同共享					
9	人力资源协同	冬奥雪上项目与大众滑雪运动发展中，在所需的运动员、教练员、管理人员、产业经营者、滑雪爱好者、观众等人力资源方面，两者协同共享					
10	场地设施协同	冬奥雪上项目与大众滑雪运动发展中，在所需的滑雪场地、设施、滑雪装备等方面，两者协同共享					
11	运动技能协同	有关冬奥雪上项目与大众滑雪运动的运动技能，两者可以协同共享					
12	赛事经验协同	冬奥雪上项目与大众滑雪运动发展过程中，在举办赛事经验方面，两者协同共享					
13	经费配置协同	在国家社会团体、企业对冬奥雪上项目与大众滑雪运动的经费投入发展经费支持方面，两者协同共享					
14	市场推广协同	冬奥雪上项目与大众滑雪运动两者在市场开发、项目推广宣传媒介、品牌打造等方面，可以协同共享					
15	体育道德协同	冬奥雪上项目与大众滑雪运动两者在公平竞赛、尊重对手、尊重规则、公正裁判等体育道德方面，协同共享					

序号	要素	内涵解释	非常重要 ⑤	比较重要 ④	一般重要 ③	不太重要 ②	极不重要 ①
16	体育意识协同	冬奥雪上项目与大众滑雪运动两者在吸引人们对滑雪运动的关注，主动参与滑雪运动的意愿等体育意识方面，协同共享					
17	体育理想协同	冬奥雪上项目与大众滑雪运动两者在追求更快、更高、更强的奥林匹克理想；参与者，运动过程中在追求身心一统、挑战自我、不畏强手、不怕困难；在为国争光、振奋民族精神等方面，协同共享					

您认为上述要素是否合理：

□非常合理　□比较合理　□一般　□不太合理　□不合理

您对本调查表的修改意见：

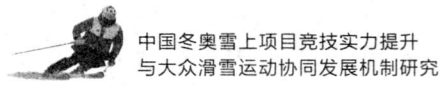
附录 4

冬奥雪上项目与大众滑雪运动
协同机会内容要素调查问卷

尊敬的女士／先生，您好！

我们在进行一项研究，想了解一下您对冬奥雪上项目与大众滑雪运动协同机会识别要素问题的看法，您的回答十分重要，将有助于研究问题。请您匿名在您所认为的一项下面画"√"。希望得到您的支持和配合！

谢谢您的合作！

第一部分 调查对象基本信息

1. 您的性别是

（ ）男性 （ ）女性

2. 您的年龄位于哪个阶段

（ ）18—25 岁 （ ）26—30 岁 （ ）31—35 岁 （ ）35 岁以上

3. 您的学历为

（ ）高中 （ ）中专 （ ）大专 （ ）本科 （ ）研究生

4. 您是 1. 运动员请回答 5、6、7

2. 教练员请回答 8、9

3. 裁判员请回答 10

4. 滑雪指导员请回答 11

（ ）运动员 （ ）教练员 （ ）裁判员 （ ）教练员 （ ）裁判员

（ ）滑雪指导员 （ ）滑雪爱好者 （ ）滑雪场馆经营者

（ ）体育局群体处工作人员 （ ）培训机构管理人员

（ ）体育社会团体或协会工作人员

5. 您的运动等级

（ ）国际健将 （ ）国家级健将 （ ）国家一级 （ ）国家二级

6. 您的运动年限（ ）

（ ）5 年以下 （ ）5—7 年 （ ）7 年以上

7. 您的运动经历

（ ）参加过世界三大赛 （ ）参加过其他国际大赛

（ ）参加过全冬会 （ ）参加过国内单项锦标赛

8. 您的教练员等级

（ ）高级 （ ）中级 （ ）初级

9. 您的执教年限

（ ）5 年以下 （ ）5—7 年

10. 您的裁判等级

（ ）国家级裁判员 （ ）一级裁判员

（ ）二级裁判员 （ ） 三级裁判员

11. 您的滑雪指导员等级

（ ）高级 （ ）中级 （ ）初级

第二部分 调查问卷

你认为该指标对于我国冬奥雪上项目与大众滑雪运动协同机会内容要素的重要性是：

"极不重要"——请选择① "不太重要"——请选择②

"一般水平"——请选择③ "比较重要"——请选择④

"非常重要"——请选择⑤

示例：选择数字④"比较重要"，如下标记。

序号	指标	极不重要 ①	不太重要 ②	一般水平 ③	比较重要 ④	非常重要 ⑤
1	发展政策协同				✓	

序号	要素	内涵解释	非常重要 ⑤	比较重要 ④	一般重要 ③	不太重要 ②	极不重要 ①
1	发展政策协同	国家及各省（自治区、直辖市）及相关行业协会、社团组织有关冬奥雪上项目与大众滑雪运动支持政策协同共享					
2	保障机制协同	冬奥雪上项目与大众滑雪运动发展过程中所需的科技、保险、救助、补贴等一系列保障机制，两者协同共享					
3	组织机构协同	管理冬奥雪上项目与大众滑雪运动健康有序发展的政府组织部门和社团组织业余训练及培训机构，两者协同共享					
4	项目规则协同	有关冬奥雪上项目与大众滑雪运动的技术规范和裁判规则，两者协同共享					
5	健身功能协同	冬奥雪上项目与大众滑雪运动在促进参与者强身健体方面，两者可协同共享					
6	娱乐功能协同	冬奥雪上项目与大众滑雪运动对调节人体紧张情绪，改善生理、心理状态及缓解压力增进感情交流、消除孤独寂寞使人精神愉悦等方面，两者协同共享					
7	教育功能协同	冬奥雪上项目与大众滑雪运动对提高参与者滑雪专业知识水平在对参与者规范教育、良好行为习惯养成等方面，两者协同共享					
8	经济功能协同	冬奥雪上项目与大众滑雪运动在促进地方经济发展等方面，两者协同共享					
9	人力资源协同	冬奥雪上项目与大众滑雪运动发展中，在所需的运动员、教练员、管理人员、产业经营者、滑雪爱好者、观众等人力资源方面，两者协同共享					

序号	要素	内涵解释	非常重要 ⑤	比较重要 ④	一般重要 ③	不太重要 ②	极不重要 ①
10	场地设施协同	冬奥雪上项目与大众滑雪运动发展中，在所需的滑雪场地、设施、滑雪装备等方面，两者协同共享					
11	运动技能协同	有关冬奥雪上项目与大众滑雪运动的运动技能，两者可以协同共享					
12	赛事经验协同	冬奥雪上项目与大众滑雪运动发展过程中，在举办赛事经验方面，两者协同共享					
13	经费配置协同	在国家社会团体、企业对冬奥雪上项目与大众滑雪运动的经费投入发展经费支持方面，两者协同共享					
14	市场推广协同	冬奥雪上项目与大众滑雪运动两者在市场开发、项目推广宣传媒介、品牌打造等方面，可以协同共享					
15	体育道德协同	冬奥雪上项目与大众滑雪运动两者在公平竞赛、尊重对手、尊重规则、公正裁判等体育道德方面，协同共享					
16	体育意识协同	冬奥雪上项目与大众滑雪运动两者在吸引人们对滑雪运动的关注，主动参与滑雪运动的意愿等体育意识方面，协同共享					
17	体育理想协同	冬奥雪上项目与大众滑雪运动两者在追求更快、更高、更强的奥林匹克理想；参与者，运动过程中在追求身心一统、挑战自我、不畏强手、不怕困难；在为国争光、振奋民族精神等方面，协同共享					

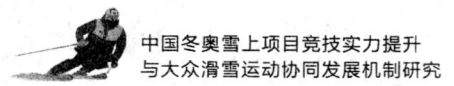
附录5

冬奥雪上项目与大众滑雪运动
协同效应评价调查表

尊敬的专家：

您好！这是一份层次分析专家打分表，调查的目的是为了完成一项学术研究。此调查问卷的目的在于确定"协同效应评价模型 A"各影响因素之间相对权重。调查问卷根据层次分析法 (AHP) 的形式设计。

根据您的看法，在相应的分数下面画√。您的意见与建议将对本书有着十分重要的意义！

我们对您的支持表示衷心的感谢！

《我国冬奥雪上项目竞技实力提升
与大众滑雪运动协同发展机制研究》编写组
2022 年 2 月

专家签名：

职　　称：

职　　务：

工作单位：

协同效应评价模型

一、示例

下面两个指标中组织管理协同比体育功能协同重要，就选择靠左边的一列数字。然后再判断组织管理协同的重要性分数为 5 比较重要。

A	绝对重要	介于之间	十分重要	介于之间	比较重要	介于之间	稍微重要	介于之间	同等重要	介于之间	稍微重要	介于之间	比较重要	介于之间	十分重要	介于之间	绝对重要	B
	9	8	7	6	5	4	3	2	1	2	3	4	5	6	7	8	9	
组织管理协同 B1					√													体育功能协同 B2

二、调查问卷

问卷内容
● 第 2 层要素
■ 评估"协同机会识别评价模型 A"的相对重要性

组织管理协同 B1	冬奥雪上项目与大众滑雪运动两个子系统在发展政策、保障机制、组织机构、项目规则等方面产生的协同
体育功能协同 B2	冬奥雪上项目与大众滑雪运动两个子系统在健身、娱乐、教育、经济等体育功能产生的协同
资源配置协同 B3	冬奥雪上项目与大众滑雪运动两个子系统在人力资源、场地设施、运动技能、赛事经验、经费配置、市场推广等资源配置方面产生的协同
体育精神协同 B4	冬奥雪上项目与大众滑雪运动两个子系统在体育道德、体育意识、体育理想等体育精神方面产生的协同

下列各组两两比较要素，对于"协同机会识别评价模型 A"的相对重要性如何？

A	绝对重要	介于之间	十分重要	介于之间	比较重要	介于之间	稍微重要	介于之间	同等重要	介于之间	稍微重要	介于之间	比较重要	介于之间	十分重要	介于之间	绝对重要	B
组织管理协同 B1	9	8	7	6	5	4	3	2	1	2	3	4	5	6	7	8	9	体育功能协同 B2
组织管理协同 B1	9	8	7	6	5	4	3	2	1	2	3	4	5	6	7	8	9	资源配置协同 B3
组织管理协同 B1	9	8	7	6	5	4	3	2	1	2	3	4	5	6	7	8	9	体育精神协同 B4
体育功能协同 B2	9	8	7	6	5	4	3	2	1	2	3	4	5	6	7	8	9	资源配置协同 B3
体育功能协同 B2	9	8	7	6	5	4	3	2	1	2	3	4	5	6	7	8	9	体育精神协同 B4
资源配置协同 B3	9	8	7	6	5	4	3	2	1	2	3	4	5	6	7	8	9	体育精神协同 B4

● 第3层要素

■ 评估"组织管理协同 B1"的相对重要性

发展政策协同 C11	冬奥雪上项目与大众滑雪运动在发展过程中，国家及各省（自治区、直辖市）及相关行业协会、社团组织有关冬奥雪上项目与大众滑雪运动支持政策协同共享
保障机制协同 C12	冬奥雪上项目与大众滑雪运动发展过程中所需的科技、保险、救助、补贴等一系列保障机制，两者协同共享
组织机构协同 C13	管理冬奥雪上项目与大众滑雪运动健康有序发展的政府组织部门和社团组织业余训练及培训机构，两者协同共享
项目规则协同 C14	有关冬奥雪上项目与大众滑雪运动的技术规范和裁判规则，两者协同共享

下列各组两两比较要素，对于"组织管理协同 B1"的相对重要性如何？

A	绝对重要	介于之间	十分重要	介于之间	比较重要	介于之间	稍微重要	介于之间	同等重要	介于之间	稍微重要	介于之间	比较重要	介于之间	十分重要	介于之间	绝对重要	B
发展政策协同 C11	9	8	7	6	5	4	3	2	1	2	3	4	5	6	7	8	9	保障机制协同 C12
发展政策协同 C11	9	8	7	6	5	4	3	2	1	2	3	4	5	6	7	8	9	组织机构协同 C13
发展政策协同 C11	9	8	7	6	5	4	3	2	1	2	3	4	5	6	7	8	9	项目规则协同 C14
保障机制协同 C12	9	8	7	6	5	4	3	2	1	2	3	4	5	6	7	8	9	组织机构协同 C13
保障机制协同 C12	9	8	7	6	5	4	3	2	1	2	3	4	5	6	7	8	9	项目规则协同 C14
组织机构协同 C13	9	8	7	6	5	4	3	2	1	2	3	4	5	6	7	8	9	项目规则协同 C14

■　评估"体育功能协同 B2"的相对重要性

健身功能协同 C21	冬奥雪上项目与大众滑雪运动在促进参与者强身健体方面，两者可以协同共享
娱乐功能协同 C22	冬奥雪上项目与大众滑雪运动对调节人体的紧张情绪，改善生理、心理状态以及缓解压力增进感情交流、消除孤独寂寞使人精神愉悦等方面，两者协同共享
教育功能协同 C23	冬奥雪上项目与大众滑雪运动对提高参与者滑雪专业知识水平在对参与者规范教育、良好行为习惯养成等方面，两者协同共享
经济功能协同 C24	冬奥雪上项目与大众滑雪运动在促进地方经济发展等方面，两者协同共享

下列各组两两比较要素，对于"组织管理协同 B2"的相对重要性如何？

A	绝对重要	介于之间	十分重要	介于之间	比较重要	介于之间	稍微重要	介于之间	同等重要	介于之间	稍微重要	介于之间	比较重要	介于之间	十分重要	介于之间	绝对重要	B
健身功能协同 C21	9	8	7	6	5	4	3	2	1	2	3	4	5	6	7	8	9	娱乐功能协同 C22
健身功能协同 C21	9	8	7	6	5	4	3	2	1	2	3	4	5	6	7	8	9	教育功能协同 C23
健身功能协同 C21	9	8	7	6	5	4	3	2	1	2	3	4	5	6	7	8	9	经济功能协同 C24
娱乐功能协同 C22	9	8	7	6	5	4	3	2	1	2	3	4	5	6	7	8	9	教育功能协同 C23
娱乐功能协同 C22	9	8	7	6	5	4	3	2	1	2	3	4	5	6	7	8	9	经济功能协同 C24
教育功能协同 C23	9	8	7	6	5	4	3	2	1	2	3	4	5	6	7	8	9	经济功能协同 C24

◪　评估"资源配置协同 B3"的相对重要性

人力资源协同 C31	冬奥雪上项目与大众滑雪运动发展中，在所需的运动员、教练员、管理人员、产业经营者、滑雪爱好者、观众等人力资源方面，两者协同共享
场地设施协同 C32	冬奥雪上项目与大众滑雪运动发展中，在所需的滑雪场地、设施、滑雪装备等方面，两者协同共享
运动技术协同 C33	有关冬奥雪上项目与大众滑雪运动的运动技能，两者可以协同共享
赛事经验协同 C34	冬奥雪上项目与大众滑雪运动发展过程中，在举办赛事经验方面，两者协同共享
经费配置协同 C35	在国家社会团体、企业对冬奥雪上项目与大众滑雪运动的经费投入支持方面，两者协同共享
市场推广协同 C36	冬奥雪上项目与大众滑雪运动两者在市场开发、项目推广宣传媒介、品牌打造等方面，可以协同共享

下列各组两两比较要素，对于"资源配置协同 B3"的相对重要性如何？

A	绝对重要	介于之间	十分重要	介于之间	比较重要	介于之间	稍微重要	介于之间	同等重要	介于之间	稍微重要	介于之间	比较重要	介于之间	十分重要	介于之间	绝对重要	B
人力资源协同 C31	9	8	7	6	5	4	3	2	1	2	3	4	5	6	7	8	9	场地设施协同 C32
人力资源协同 C31	9	8	7	6	5	4	3	2	1	2	3	4	5	6	7	8	9	运动技术协同 C33
人力资源协同 C31	9	8	7	6	5	4	3	2	1	2	3	4	5	6	7	8	9	赛事经验协同 C34
人力资源协同 C31	9	8	7	6	5	4	3	2	1	2	3	4	5	6	7	8	9	经费配置协同 C35
人力资源协同 C31	9	8	7	6	5	4	3	2	1	2	3	4	5	6	7	8	9	市场推广协同 C36
场地设施协同 C32	9	8	7	6	5	4	3	2	1	2	3	4	5	6	7	8	9	运动技术协同 C33

A	绝对重要	介于之间	十分重要	介于之间	比较重要	介于之间	稍微重要	介于之间	同等重要	介于之间	稍微重要	介于之间	比较重要	介于之间	十分重要	介于之间	绝对重要	B
场地设施协同 C32	9	8	7	6	5	4	3	2	1	2	3	4	5	6	7	8	9	赛事经验协同 C34
场地设施协同 C32	9	8	7	6	5	4	3	2	1	2	3	4	5	6	7	8	9	经费配置协同 C35
场地设施协同 C32	9	8	7	6	5	4	3	2	1	2	3	4	5	6	7	8	9	市场推广协同 C36
运动技术协同 C33	9	8	7	6	5	4	3	2	1	2	3	4	5	6	7	8	9	赛事经验协同 C34
运动技术协同 C33	9	8	7	6	5	4	3	2	1	2	3	4	5	6	7	8	9	经费配置协同 C35
运动技术协同 C33	9	8	7	6	5	4	3	2	1	2	3	4	5	6	7	8	9	市场推广协同 C36
赛事经验协同 C34	9	8	7	6	5	4	3	2	1	2	3	4	5	6	7	8	9	经费配置协同 C35
赛事经验协同 C34	9	8	7	6	5	4	3	2	1	2	3	4	5	6	7	8	9	市场推广协同 C36
经费配置协同 C35	9	8	7	6	5	4	3	2	1	2	3	4	5	6	7	8	9	市场推广协同 C36

■　评估"体育精神协同 B4"的相对重要性

体育道德协同 C41	冬奥雪上项目与大众滑雪运动两者在公平竞赛、尊重对手、尊重规则、公正裁判等体育道德方面，协同共享

体育意识协同 C42	冬奥雪上项目与大众滑雪运动两者在吸引人们对滑雪运动的关注，主动参与滑雪运动的意愿等体育意识方面，协同共享
体育理想协同 C43	冬奥雪上项目与大众滑雪运动两者在追求更快、更高、更强的奥林匹克理想；参与者，运动过程中在追求身心一统、挑战自我、不畏强手、不怕困难；在为国争光、振奋民族精神等方面，协同共享

下列各组两两比较要素，对于"资源配置协同 B3"的相对重要性如何？

体育道德协同 C41	9	8	7	6	5	4	3	2	1	2	3	4	5	6	7	8	9	体育意识协同 C42
体育道德协同 C41	9	8	7	6	5	4	3	2	1	2	3	4	5	6	7	8	9	体育理想协同 C43
体育意识协同 C42	9	8	7	6	5	4	3	2	1	2	3	4	5	6	7	8	9	体育理想协同 C43

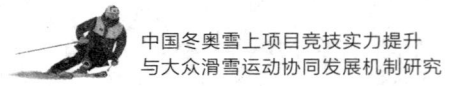
附录6

辽宁省体育行政部门冬奥雪上项目
与大众滑雪运动管理者访谈提纲

1. 您认为辽宁省大众滑雪运动发展得怎样？

2. 您认为影响辽宁省大众滑雪运动发展的影响因素是什么？

3. 您认为辽宁省冬奥雪上项目发展得怎样？

4. 您认为影响辽宁省冬奥雪上项目发展的影响因素是什么？

5. 您认为冬奥雪上项目与大众滑雪运动发展影响因素中哪些两者可以共享或者说同样适用？

6. 您认为辽宁冬奥雪上项目与大众滑雪运动实现协同发展了吗？

7. 您认为冬奥雪上项目与大众滑雪运动实现协同发展最大的动力是什么？阻力又是什么？

8. 请您列举一下辽宁在实现冬奥雪上项目与大众滑雪运动协同方面做得最好的三项举措。

9. 请您谈一下辽宁在实现冬奥雪上项目与大众滑雪运动协同方面还有哪些需要改进的地方。

10. 请您谈一下发展我国滑雪运动应采取哪些举措。

附录7

部分访谈材料

1.访谈材料之一：

访谈时间：2017 年 12 月 29 日下午 3 点

访谈地点：辽宁省体育局会议室

访谈对象：辽宁省体育局某某局长

访谈主题：冰雪体育产业是辽宁体育发展的一大特色，未来，辽宁在冰雪体育发展上有哪些布局和规划，如何促进竞技冰雪运动与大众冰雪运动协同发展。

访谈对象如是说：在 2016 年，国家相继出台了《冰雪运动发展规划》《冰雪场地实施建设规划》等文件，那么这就为体育产业发展提供了政策支持，也明确了目标，还有任务和工作重点。那么下一步，我们辽宁省将以北京成功申办 2022 年冬奥会为契机，大力发展冰雪经济，努力使其成为新的体育消费增长点。与此同时，引导社会力量积极参与建设冰雪运动场地，支持各市开展冰雪运动产业基地建设。那么就目前来看，辽宁省雪场除了有高山啊、大众的以及灯光滑雪场地外，还有雪上的这个游戏区、单板公园、冰上游戏区等，这就满足了不同层次、不同年龄冰雪运动爱好者的需求。通过整合项目资源，扶持冰雪体育组织和协会的发展，并采用竞赛方式，提升冰雪竞技人才的竞技水平。通过不断深化体教融合模式，助力冬季运动进校园的开展与实施，并立足于"选好苗子、着眼未来、打好基础、系统训练、积极提高"，夯实我国高质量冰雪人才培养体系建设。通过冬季项目为拉动地区经济发展，为东北老工业基地新一轮振兴做出贡献。

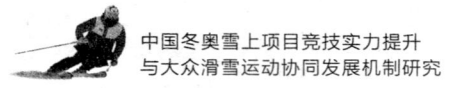
2. 访谈材料之二:

访谈时间:2018 年 9 月 21 日下午 1 点

访谈地点:沈阳体育学院某某学院副院长办公室

访谈对象:某某雪上项目国家队集训队教练员

访谈主题:作为一名长期工作在一线的教练员您认为影响冬奥雪上项目发展的影响因素有哪些?可否具体讲述一下这方面的例子与想法?

访谈对象这样讲:我认为影响冬奥雪上项目发展的影响因素主要有以下几个方面:运动技能,运动技能是我们技术的保障,只有掌握了运动技能才能保障我们的金牌数量;其次就是我们运动员的后备人才,只有充足的运动员才能保障我们的竞技实力得到保障;国家的支持和群众的热爱也很重要;当然现在媒体的宣传给冬奥雪上项目也打开了另一扇门,冬奥雪上项目通过媒体的宣传给予大众更好的认识,促进了大众对于冬奥雪上项目的支持,这对运动员来讲,在精神上起到了激励的作用。同样大家通过媒体的宣传了解了滑雪运动,也吸引大众参与进来,对我们冬奥雪上项目的运动员选拔也起到了一定的作用。说到这里让我不得不提一件事:教练员的培养培训是非常重要的,我们需要国家给予支持,支持教练员更加专业地教学,培训使得我们掌握更加科学的训练方式、康复手段,更好地为运动员和国家服务。

3. 访谈材料之三:

访谈时间:2018 年 9 月 22 日下午 1 点

访谈地点:沈阳体育学院某某教授研究室

访谈对象:某某雪上项目国际级裁判员

访谈主题:作为一名长期工作在一线的国际裁判员您认为影响冬奥雪上项目发展的因素有哪些?能否谈谈这方面的具体例子和感想?

访谈对象如是说:我认为影响冬奥雪上项目发展的因素就运动成绩来说,运动技术和赛事经验、项目规则是非常重要的,运动技术是我们获得金牌的保障，赛事经验是我们运动员更好地发挥比赛的前提；从资源上面来看，后备人才、经费、场地、培训组织等都是非常重要的。这是我们最基础的保障，要使得冬奥雪上项目更好地发展就要在资源上面大力支持，才能促进我们冬奥雪上项目更好地发展。平昌冬奥会上我们运动员贾宗洋获得亚军，这也是和他长期以来在比赛场上有关，比赛场上运动员的经验和教练员的完美配合才能获得好的成绩。贾宗洋是个老将，经验丰富，和他配合的教练也是在寻找最佳的比赛时机，才能使得我们运动员更好地发挥，虽然有点遗憾只落后乌克兰选手 0.46 分，但是他在我们这里依旧表现得很棒。

4. 访谈材料之四：

访谈时间：2018 年 9 月 26 日下午 3 点

访谈地点：沈阳体育学院某某教研室

访谈对象：沈阳体育学院某某教授

访谈主题：作为一名国家级滑雪指导员您认为影响大众滑雪发展的因素有哪些？能否谈谈这方面的具体例子和感想？

访谈对象如是说：我认为影响大众滑雪运动发展的影响因素主要有国家的政策方面，国家政策的引导对大众滑雪运动的发展起到积极的促进作用，冬奥会申办成功之后大众滑雪运动就越来越受到大家的关注。首先从基本需要来说，滑雪指导员的数量、场地设施的数量、培训机构推广、国家政策的支持，以及市场的运作情况，都对滑雪运动的发展起着积极的促进作用，我印象最深的就是我带的一些学员，一些雪场已经满足不了他们的需要，他们追求更具有挑战性的雪场，说明雪场的基础设施非常重要。

5. 访谈材料之五：

访谈时间：2018 年 10 月 9 日上午 9 点

访谈地点：辽宁省冬季雪上项目管理中心

访谈对象：辽宁省冬季雪上项目管理中心某某副主任

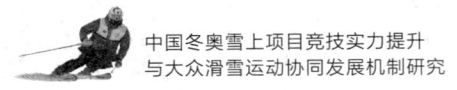
访谈主题：作为一名国家级滑雪指导员您认为影响大众滑雪发展的因素有哪些？能否谈谈这方面的具体例子和感想？

访谈对象如是说：我认为影响冬奥雪上项目发展的因素，发展政策是很重要的，国家政策的引领直接关系到这个项目的发展前景，没有国家政策的支持，这项运动是很难发展起来的。其次就是国家给予的保障机制，保障机制、场地设施、滑雪文化、运动技术、资源保障、媒体的宣传也是促进这项运动发展最基础的保障。最后体育文化问题，这个问题很抽象，但它决定了大众是否会在共同认知文化的影响下，积极参与大众滑雪运动。比如说，随着2022年冬奥会的举办和"三亿人参与冰雪运动"目标的提出，在全社会营造了参与冰雪运动的氛围，这为更好地发展冬奥雪上项目和大众滑雪运动提供了强大的精神动力。

6. 访谈材料之六：

访谈时间：2020 年 7 月 9 日上午 11 点

访谈地点：辽宁省体育局某某副局长办公室

访谈对象：辽宁省体育局某某副局长

访谈主题：就辽宁省冰雪运动开展的情况而言，您觉得有哪些不足？我们应如何应对？

访谈对象如是说：从辽宁省目前所拥有的滑雪场地数量来看，虽然不及黑龙江、吉林省，但基本可以满足人民群众的运动需求。从辽宁省拥有的滑雪场质量上来看呢，还是存在多数滑雪场规模小、设施差、服务不到位的问题，在辽宁省所有的滑雪场中，只有1家滑雪场造雪面积达到20公顷，至少有一半的小型滑雪场，其造雪面积不到5公顷；更缺少像长白山万达、北京万龙、吉林北大壶、河北崇礼、黑龙江亚布力等大型的、能够举办国内外赛事、度假式、目的地式的滑雪场。从潜在滑雪爱好者的培养上看，辽宁省在冰雪运动上还是缺乏有力引导的，尤其是在培养学生冰雪运动技能上比较缺位。这就造成了辽宁省高端滑雪用户留不住、中端用户又引不进来、低端用户增长还比较慢的局面。

随着 2022 年北京冬奥会快步走来，冰雪运动热潮急速升温、席卷全国，这也为辽宁省冰雪运动的发展提供了重要契机，在此基础上，辽宁省体育局与教育局不断完善与优化体教融合模式，积极联合举办"辽宁省冰雪运动进校园启动仪式"，让广大师生走进"冰天雪地"，感受冰雪运动的独特魅力。同时，辽宁冰雪整合各方资源，自主打造具有辽宁特色赛事 IP，也将成为辽宁体育又一个优质赛事品牌，促进并引领辽宁冰雪产业发展。对我们辽宁广大青少年来说，如果不熟练掌握一两项滑冰、滑雪运动，将是一件很遗憾的事情。我们应该借着冬奥会的"热潮"，积极响应国家号召，为辽宁省冰雪运动的发展贡献一份力量。

7. 访谈材料之七：

访谈时间：2020 年 8 月 29 日上午 11 十一点

访谈地点：辽宁省体育局某某副局长办公室

访谈对象：辽宁省体育局某某副局长

访谈主题：为推动辽宁冰雪运动发展，推动冰雪强省建设，辽宁省人民政府办公厅印发了《关于加快推进冰雪运动发展的实施意见》，也就是辽政办发〔2020〕3 号文件，请您结合这份《实施意见》谈谈未来辽宁在竞技冰雪、大众滑雪、冰雪产业方面发展的设想和具体举措。

访谈对象如是说：按照省委、省政府相关部署，辽宁省体育局积极贯彻落实中办、国办印发的《关于以 2022 年北京冬奥会为契机大力发展冰雪运动的意见》。目前一系列准备工作已经就绪，确定明年将重点开展的全省性大型冰雪赛事活动主要有两项：一是"第二届辽宁省全民冰雪运动会"；二是"2020-2021 年辽宁省百万市民上冰雪系列活动"。今年，省体育局联合省教育厅，于 7 月份启动"辽宁省首届全民冰雪运动会"，目前运动会仍在进行之中，将于明年 2 月底结束，总计将举办 300 余场次赛事活动。在今年首届基础上，我们在明年将举行"辽宁省第二届全民冰雪运动会"，6 月 -2021 年 2 月，持续 9 个月，覆盖全省，将设置辽宁省青少年冰雪运动进校园系列活动、冰雪惠民系列活动、冰雪项目系列竞赛活动、"百城千冰"辽宁区域系列活动、中外青少年冰雪运动交流对抗赛等 5 大类赛事活动，积极开展冰雪运动进校园、进社区、进农村、进家庭等"七进"活动，总的活动场次预计将超过 400 场次，覆盖超百万人群。明年的辽宁省百万市民上冰雪系列活动将举办雪票秒抢、辽宁省大众滑雪系列赛、大众滑冰／滑雪公益训练营等活动，总场次达百余场。从夏天到冬天，明年辽宁省冰雪赛事活动将好戏连台、持续不断，掀起一个又一个冰雪运动热潮，让全省更多的人参与到冰雪运动中来，体验冰雪运动的独特魅力，为辽宁省振兴发展助力，用辽宁人的实际行动迎接 2022 年北京冬奥会。

8. 访谈材料之八：

访谈时间：2020 年 10 月 29 日上午 11 点

访谈地点：辽宁省文化和旅游厅会议室

访谈对象：辽宁省文化和旅游厅副厅长

访谈主题：请您介绍一下辽宁大众冰雪旅游资源与吉林、黑龙江、内蒙古等地相比，具备哪些自己的特色。针对这些独特特点，辽宁省在发展冰雪旅游产业方面做出了哪些特色工作。

访谈对象如是说：辽宁省冬季旅游市场主要具备以下特点：首先，自 2019 年冬季以来，辽宁省文化和旅游厅结合本省特色，全力打造"嬉冰雪、泡温泉、到辽宁、过大年"全省旅游主题。根据辽宁省旅游主题，各市也相继推出"满韵清风 冰雪盛京"中国沈阳国际旅游节冬季游、"冬季盛宴，相约大连"、"游边境、滑冰雪、泡温泉、吃海鲜、鸭绿江畔美丽丹东——过大年"、"很暖、很鲜、在营口"冬季品牌等地方特色冬季旅游系列主题活动，进一步丰富了我省冬季旅游文化内容，为广大群众提供了多样化的冬季旅游体验。其次，以全域旅游的创新理念为引领，开发推出了县乡村的农家赶大集、购年货等购物产品线路。例如沈阳盛京灯会、铁岭蒸汽机车节、鞍山激光冰雪旅游节、抚顺的赫图阿拉、清源县沙河子满族村落过大年的产品、本溪的激情 CBA 和盘锦的冬季稻草艺术节、大连的攀冰、锦州的冰上龙舟、冰上帆船、盘锦冰凌穿越、碱地柿子采摘节等特色产品、新业态和线路，受到游客和百姓的赞赏。辽阳的辽峰小镇和首山现代农业园冬季赏花节，可以在寒冷的冬天欣赏芳香美丽的百合花、樱花，采摘香蕉、火龙果、木瓜等热带水果，为丰富和满足广大游客对旅游多元化的需求，带您感受花香果甜别样冬天。

到东北体验冬季特色旅游，主要以哈大高铁为依托，将东北三省旅游紧密联系在一起，哈大高铁全长904公里，辽宁境内553公里，途经大连、营口、鞍山、辽阳、沈阳、铁岭等城市共设15站，为广大游客到辽宁旅游提供极其便利条件，所以我们重点推出了哈大高铁休闲度假游线路和产品：可以从大连开始体验不同品位、不同风格的温泉、滑雪和娱乐产品，第二站可以乘丹大高铁到丹东观赏冬季虎山长城和鸭绿江断桥、体验冬季中朝两国边境风情，第三站乘高铁到本溪嬉雪和泡温泉，感受冰葡萄采摘，第四站乘高铁到沈阳与抚顺感受历史悠久的满族文化风情，在抚顺丰远热高乐园可以体验各具特色的滑雪体育项目和浪漫冰雪温泉，第五站乘高铁到铁岭观赏东北最大莲花湖花灯会和铁岭二人转表演，结束辽宁美丽的冰雪、温泉和过大年之旅后，还可以继续乘高铁前往吉林和黑龙江体验精彩不断的东北冰雪之旅。

附录8

专家信息表（n=13）

序号	专家	职称	单位	专业方向
1	牛某某	教授	沈阳体育学院	雪上项目专家
2	刘某某	教授	沈阳体育学院	雪上项目专家
3	李某	教授	南京工业大学	系统学专家
4	曹某某	教授	上海体育学院	系统学专家
5	邹某某	教授	沈阳体育学院	管理学专家
6	李某某	教授	沈阳体育学院	系统学专家
7	冯某某	教授	沈阳体育学院	体育学专家
8	刘某某	副教授	沈阳体育学院	体育学专家
9	董某某	教授	沈阳体育学院	管理学专家
10	刘某	教授	沈阳体育学院	管理学专家
11	程某某	教授	沈阳体育学院	管理学专家
12	张某	讲师	沈阳体育学院	雪上项目专家
13	付某某	教授	沈阳体育学院	体育学专家

附录9

打分专家信息表（n=15）

序号	专家	单位	身份
1	牛某某	沈阳体育学院	教练员
2	刘某某	沈阳体育学院	教练员
3	韩某某	国家体育局	运动员
4	李某某	国家体育局	运动员
5	张某某	辽宁省体育局	群体处工作人员
6	王某某	吉林省体育局	群体处工作人员
7	刘某	国家体育总局	冬管中心工作人员
8	张某某	吉林省体育局	冬管中心工作人员
9	李某	南京工业大学	系统学专家
10	李某某	沈阳体育学院	系统学专家
11	朱某某	哈尔滨体育学院	体育管理学专家
12	程某某	沈阳体育学院	体育管理学专家
13	曹某某	上海体育学院	大众滑雪爱好者
14	齐某某	北京体育大学	大众滑雪爱好者
15	刘某	沈阳体育学院	大众滑雪爱好者

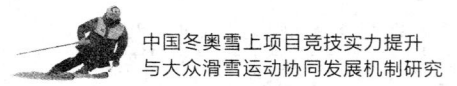
参考文献

[1][德] 哈肯 . 高等协同学 [M]. 郭治安 , 译 . 北京 : 科学出版社 , 1989.

[2] 蒋俊东 . 协同论对现代管理的启示 [J]. 科技管理研究 ,2004(01):151-152.

[3][美] 安索夫 . 新公司战略 [M]. 曹德俊 , 范映红 , 袁松阳 , 译 . 成都 : 西南财经大学出版社 ,1965.

[4] 白列湖 . 协同论与管理协同理论 [J]. 甘肃社会科学 ,2007(05):228-230.

[5] 潘开灵 , 白列湖 , 程奇 . 管理协同倍增效应的系统思考 [J]. 系统科学学报 ,2007(01):70.

[6] 马振耀 . 协同论视角下行为组织绩效系统演化机制与模拟仿真 [J]. 统计与决策 ,2018, 34(19):178-181.

[7] 李汉卿 . 协同治理理论探析 [J]. 理论月刊 ,2014(01):138-142.

[8] 马文静 . 基于协同论的我国社区管理模式创新 [J]. 商业时代 ,2012(13):16-17.

[9] 张贵 , 薛伊冰 . 协同论视阈下京津冀区域公共服务协同发展研究 [J]. 天津行政学院学报 ,2018,20(05):19-28.

[10] 王永盛 . 从协同论理论思考奥林匹克运动的发展方向 [J]. 中国体育科技 ,1997(09):33-36.

[11] 邵桂华 , 王振涛 , 孙庆祝 . 竞争与协同 : 学生体育素质演进的自组织观 [J]. 体育与科学 ,2004(01):73-76.

[12] 邵桂华 . 协同学思想对体育教学的若干启示 [J]. 武汉体育学院学报 ,2006(02):81-84.

[13] 邵桂华 . 协同与竞争 : 协同学视野下的体育教学启示 [J]. 天津体育学院学报 , 2007(01):69-71.

[14] 王福秋 . 中国自由式滑雪运动训练系统协同机制研究 [D]. 北京体育大学 ,2012.

[15] 曹继霞 , 杨建明 , 任杰 . 应急物流军地协同形成机制研究 [J]. 军事交通学院学报 ,2018,20(09):60-64.

[16] 赵怀周 , 林健 . 企业协同管理 : 如何实现 1+1>2[J]. 中国科技月报 ,2001(03):52-53.

[17] 罗明新 , 许松 . 母子公司战略管理中协同机会分析 [J]. 特区经济 ,2006(06):209-210.

[18] 中国网 . 全民健身运动面临六大挑战 .[EB/OL].(2002-05-24)[2018-11-28]. http://www.china.com.cn/chinese/zhuanti/149979.htm.

[19][美] 杰弗瑞 . 戈比 . 你生命中的休闲 [M]. 康筝 , 译 . 昆明 : 云南人民出版社 ,2000.

[20] 任海 . 论大众体育与高水平竞技运动的相互关系 [J]. 体育文化导刊 ,2005(03):11-12.

[21] 周爱光 . 战后日本竞技体育与大众体育的走向 [J]. 体育文化导刊 ,2003(12):20-22.

[22] 裴立新 , 黄炜 , 佟强 . 从 "普及提高" 到 "相对独立" 再到 "相互取予" ——竞技体育与群众体育关系的研究 [J]. 体育与科学 ,2008(01):67-70.

[23] 程文广 . 我国群众体育与竞技体育嬗变的思想根源 [J]. 沈阳体育学院学报 ,2006(06):1-3.

[24]Lehr,C..Ward,PJ..Kummu,M..Impact of Large-scale Climatic Oscillations on Snowfall-related Climate Parameters in the World's Major Downhill Ski Areas: A [25] Review.MOUNTAIN RESEARCH AND DEVELOPMENT.2012(32):431-445.

[25]Gilaberte-Burdalo,M.Impacts of climate change on ski industry.ENVIRONMENTAL SCIENCE & POLICY.2013(44):51-61.

[26]Pintaldi,E.Sustainable Soil Management in Ski Areas:Threats and Challenges. SUSTAINABI-LITY.2017(9):11.

[27]Brucker,PU.Katzmaier,P.Olvermann,M.Recreational and competitive alpine ski-ing. Typical injury patterns and possibilities for prevention. UNFALLCHIRURG.2014(117): 24-32.

[28]Gammons,M..Boynton,M..Russell,J..On-Mountain Coverage of Competitive Ski-ing and Snowboarding Events.CURRENT SPORTS MEDICINE REPORTS.2011(10):140-146.

[29]Nagle, KB,Cross-Country Skiing Injuries and Training Methods.CURRENT SPORTS MEDICINE REPORTS.(14):6:442-447.

[30]Hebert-Losier,K.Supej,M.Holmberg,HC.BiomechanicalFactors Influencing the Performance of Elite Alpine Ski Racers.SPORTS MEDICINE.2014(44): 519-533.

[31]Ketterl,R.Recreational or professional participants in Nordic skiing. Differences in injury patterns and severity of injuries.UNFALLCHIRURG.2014(117):33-40.

[32]Hebert-Losier,K.What are the Exercise-Based Injury Prevention Recommendations for Rec-reational Alpine Skiingand Snowboarding A Systematic Review.SPORTS MEDICINE.2013(43):355-366.

[33]Ferguson,RA..Limitations to performance during alpine skiing.EXPERIMENTAL PHYSIOLOGY.2010(95):404-410.

[34] 牛雪松 , 白烨 . 平昌冬奥会世界自由式滑雪空中技巧优秀运动员竞技实力分析 [J]. 沈阳体育学院学报 ,2017,36(06):93-100.

[35] 高岩 . 雪上技巧项目专项体能训练内容体系研究 [D]. 北京体育大学 ,2016.

[36] 吴志海 , 戈炳珠 , 曹国林 , 王娇 . 索契冬奥会自由式滑雪空中技巧女子顶尖选手竞技实力研究 [J]. 沈阳体育学院学报 ,2012,31(06):110-113.

[37] 梁烨烨 . 内蒙古冰雪运动竞技体育后备人才培养的研究 [D]. 内蒙古师范大学 ,2018.

[38] 臧荣海 , 胡悦 . 备战 2022 冬奥会我国冰雪体育后备人才的培养 [J]. 冰雪运动 ,2017, 39(03):1-4.

[39] 王锥鑫 . 我国冰雪运动竞技人才储备与发展路径研究 [J]. 南京体育学院学报 (社会科学版),2017,31(02):82-87.

[40] 马毅 , 吕晶红 . 我国备战 2022 年冬奥会重点项目后备人才培养问题探究 [J]. 体育科学 ,2016,36(04):3-10.

[41] 王揖涛 . 我国大众滑雪运动的现状与展望 [J]. 冰雪运动 ,2004(10):14.

[42] 刘仁辉, 李玉新, 吴颖. 欧美滑雪文化的流变及对中国滑雪文化传承与传播的启示 [J]. 沈阳体育学院学报, 2014, 33(04):56-62.

[43] 李卫星, 孙威. 欧洲滑雪体育旅游的起源、现状和发展趋势研究 [J]. 北京体育大学学报, 2013, 36(01):30-35+45.

[44] 于德生. 我国大众滑雪旅游产业发展现状与对策 [J]. 成都体育学院学报, 2007(4):47-48.

[45] 郭占久, 王明堂. 大众滑雪运动中伤害事故的调查及预防干预研究 [J]. 沈阳体育学院学报, 2009.28(2):22-25.

[46] 郭利军. 国外滑雪运动风险研究的知识图谱分析 [J]. 体育研究与教育, 2018, 33(02):35-39.

[47] 王葆衡, 焦铁仁. 我国大众滑雪指导员的现状与发展 [J]. 沈阳体育学院学报, 2005(06):109-111.

[48] 宋锦. 冬奥会背景下我国发展大众滑雪的启示 [J]. 戏剧之家, 2018(15):238.

[49] 柳阳. 我国群众冰雪运动发展策略研究 [D]. 北京体育大学, 2017.

[50] 王旭东, 崔英波, 谷化铮. 我国滑雪运动现状及发展战略研究 [J]. 冰雪运动, 2011, 33(05):23-27.

[51] 谷化铮. 我国滑雪运动可持续发展的研究 [D]. 东北师范大学, 2010.

[52] 田麦久. 运动训练 [M]. 北京: 高等教育出版社, 2006:1-10.

[53] 秦椿林, 主编. 当代中国群众体育管理 [M]. 北京: 人民体育出版社, 2006:1-2.

[54] 王则珊. 群众体育学 [M]. 北京: 人民体育出版社, 1990:1.

[55] 石凯妤. 我国大众滑雪运动推广的研究 [D]. 北京体育大学, 2016.

[56] 冯林. 协同学视野下竞技体育与全民健身协同发展的机制研究 [D]. 吉林体育学院, 2017.

[57] 吴大进, 曹力, 陈立华. 协同学原理和应用 [M]. 上海: 华中理工大学出版社, 1990:1-5,382.

[58] 蒋俊东. 协同论对现代管理的启示 [J]. 科技管理研究, 2004(01):151-152.

[59] 陈牧迪. 创造力、机会识别和创业绩效间关系研究 [D]. 吉林大学, 2017.

[60] 冯澍. 协同机会识别研究 [D]. 武汉科技大学, 2006.

[61] 姚小林. 我国冬季体育资源的整合与开发研究 [D]. 武汉体育学院, 2016.

[62] 潘开灵主编. 管理协同理论及其应用 [M]. 北京: 经济管理出版社, 2016:298.

[63] 张伟, 张庆普. 基于模糊德尔菲法的企业知识管理创新风险评价研究 [J]. 科技进步与对策, 2012, 2(12):112-116.

[64] 刘婷婷. 乡村型度假旅游地可持续发展评价研究 [D]. 西安外国语大学, 2018.

[65] 高圆媛, 孙红月. 我国高水平运动员职业生涯管理影响因素研究——基于自由式滑雪空中技巧国家队的实证分析 [J]. 学报, 2016, 12(13).

[66] 周丹. 建筑工人不安全行为的传播特性与机理研究 [D]. 江苏大学, 2016.

[67] 杨广霞, 谢华等. SPSS 数据统计与分析从新手到高手 [M]. 北京: 清华大学出版

社 ,2014:181-182.

[68] 曹连众 . 隐性知识管理视域下中国雪上项目优秀运动员培养理论及机制创新研究 [M]. 北京 : 中国社会科学出版社 ,2016:78.

[69] 李海影 , 李国 . 大型体育场馆室内环境质量模糊综合评价模型 [J]. 武汉体育学院学报 ,2017,51(02):54-59.

[70] 李军岩 . 基于 AHP 方法的竞技体育人才隐性知识测评研究 [J]. 沈阳体育学院学报 ,2011,4:11-14.

[71] 杨风禄 , 徐超丽 . 社会系统的 "自组织" 与 "他组织" 辨 [J]. 山东大学学报 (哲学社会科学版), 2011, 22(02):86-91.

[72] 陈树文 . 组织管理学 [M]. 大连 : 大连理工大学出版社 , 2005：6-7.

[73] 杨文轩 , 陈琦 . 体育概论 [M]. 北京 : 高等教育出版社 , 2013.

[74]360 百科 . 资源配置 .[EB/OL].(2012-10)[2018-11].https://baike.so.com/doc/78721-83080.html

[75] 查金 . 基于动态联盟的大型体育赛事物流资源协同管理模式研究 [J]. 少林与太极 (中州体育),2014(04):19-24.

[76] 王玲 , 侯娜 , 杨琰华 . 对竞技体育与群众体育协调发展的社会因素分析 [J]. 科技风 ,2015(24):224.

[77] 庞茂勇 , 伊超 . 平昌冬奥会中国队竞技成绩综合实力分析 [J]. 辽宁体育科技 ,2018,40(04):93-96.

[78] 黄喆 . 体育精神研究述评 [J]. 运动 ,2018(12):132-133.

[79] M.T.Turvey.Action and perception at the level of synergies[J].Human Movement Science. 26(2007):657-697.

[80]Andreas Kruger and Jurgen Edelmann-Nusser. Biomechanical analysis in freestyle snowboarding: application of a full-body inertial measurement system and a bilateral insole measurement system [J].Sports Technology. 2009,2(1-2): 17-23.

[81]Igor Jukić,Luka Milanović,Svilar L,et al.Sport preparation system in team sports: synergy of evidence,practical experiences and artistic expression[J].Kondicijska priprema sportaša 2018:zbornik radova/Milanović,Luka;Wertheimer,Vlatka;Jukić,Igor,2018.

[82]T.W.Florenes,L.Nordsletten,S.Heir and R. "Bahr.Recording injuries among World Cup skiers and snowboarders:a methodological study" [J].Scandinavian Journal of Medicine&Science in Sports.2011,21(2):196-205.

[83]Physical Activity and Public Health in Older Adults:Recommendation from the American College of Sports Medicine and the American Heart Association[R]. Nelson:WHO,Medicine andscience in sports and exercise.2007,39(8):1435-1445.

[84]Health and Development Through Physical Activity and sport[R].Geneva:WHO,2003.

[85]Robert F. Chapman, Jonathon L. Stickford and Benjamin D. Levine. "Altitude training

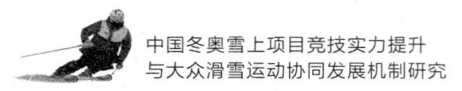
considerations for the winter sport athlete" [J].Experimental Physiology.2010,93(3):
411-421.

[86] 李万哲,高扬,李德龙,王春生.论我国竞技滑雪运动的奥运战略[J].冰雪运动,1994
(01):52-54.

[87] 郭亦农.对我国冬季运动项目发展的理性思考[J].沈阳体育学院学报,2001(02):18.

[88] 程云峰,李金珠,苏国斌,杨太胜.对我国冰雪运动项目发展战略研究刍议[J].
哈尔滨体育学院报,2003(01):12-13.

[89] 李少丹.论竞技状态的复杂性[J].北京体育大学学报,2009,32(06):11-14.

[90] 周生旺,谢旭东,孙庆祝.NBA 职业体育联盟发展的协同学分析及对 CBA 的启
示[J].天津体育学院学报,2009,24(04):296-299.

[91] 舒有谟,宋秋元.竞技体育与群众体育协调发展的思考[J].西北师范大学学报(自
然科学版),1997(04):72-75.

[92] 孙鹏.基于协同学的公司战略管理理论框架[D].武汉科技大学,2005.

[93] 赵芝玉,孙传宁,赵芝慧,刘玉兰.协同与竞争:协同学视野下的体育教学启示[J].
南京体育学院学报(社会科学版),2008,22(06):101-105.

[94] 张新华.对我国冰雪运动发展战略存在的问题分析[J].齐齐哈尔大学学报(哲学
社会科学版),2005(06):158-159.

[95] 张金刚.基于层次分析法的施工总承包项目部绩效考核体系研究[D].北京建筑
大学,2018.

[96] 伍斌,魏庆华,张鸿俊.《中国滑雪产业发展报告(2017)》[M].北京:社会科学文
献出版社,2017:2-25,257.

[97] 曹连众.竞技体育人才隐性知识管理研究[M].沈阳:辽宁人民出版社,2011.

[98] 肖林鹏,李宗洁等.中国竞技体育与群众体育协调发展战略回顾[J].体育学刊,
2002,9(03):118-121.

[99] 王贵友.从混沌到有序——协同学简介[M].武汉:湖北人民出版社,1987:13-17.

[100] 江孝珠.《协同论》与当代科学运动训练[J].福建体育科技,1989(02):10-13.

[101] 冯林.基于协同学竞技体育与全民健身的协同发展机制设计研究[J].科技风,
2017,(06):237+243.

[102] 白列湖.管理协同机制研究[D].武汉:武汉科技大学,2005.

[103] 曹亚东,安巍,陈泽奇.辽吉黑冰雪体育旅游市场定位的研究[J].冰雪运动,2013,
35(04):86-91.

[104] 徐金庆.东北三省竞技体育与群众体育协同发展研究[D].东北师范大学,2013.

[105] 黄鲁成,李江.基于生态学的体育专利技术与奥运会竞赛项目协同进化规律研
究[J].科技管理研究,2010,30(24):211-215.

[106] 郭文革,姚伟华.从协同论理论看竞技武术的发展[J].武术科学(搏击·学术
版),2004(04):9-12.

[107] 吴广亮.协同动作训练设计方法研究[D].北京体育大学,2012.

[108] 蔡芳川,张少华.试探竞技体育相关群体的协同规律[J].天津体育学院学报,1988(04):8-14.

[109] 董传升.论中国体育发展方式的公共转向:从国家体育到公共体育[J].北京体育大学学报,2013,36(01):14-19,63.

[110] 伍斌,魏庆华.2017中国滑雪产业白皮书[R].北京:2018亚太雪地产业论坛,2017:2-3.

[111] 崔俊美,曹连众.辽宁省大众滑雪产业发展与市场开发研究[J].人力资源管理,2017(10).

[112] 裴德超,李国.协同学视野下竞技体育发展的动力机制分析[J].安徽科技学院学报,2010,24(05):47-50.

[113] 张国俊,孙杰,刘茂昌.西北地区竞技体育与全民健身协调发展回顾与展望[J].体育科技文献通报,2008(10):74-76.

[114] 许荣广,赵云宏,廖志娟.粤港澳大湾区大众滑雪运动发展现状与展望[J].广州体育学院学报,2021,41(01):9-12.

[115] 武雨佳,杨徐阳,刘弋飞,王庆伟.2022冬奥背景下京津冀大众滑雪赛事协同发展研究[A].第十一届全国体育科学大会论文摘要汇编[C].中国体育科学学会,2019:2.

[116] 李燕,骆秉全.京津冀体育旅游全产业链协同发展的路径及措施[J].首都体育学院学报,2019,31(04):305-310.

[117] 吴玲敏,任保国,和立新,冯海涛,林志刚.北京冬奥会推动京津冀冰雪旅游发展效应及协同推进策略研究[J].北京体育大学学报,2019,42(01):50-59.

[118] 秦书生.现代企业自组织运行机制[J].科学学与科学技术管理,2001(02):38-41.

[119] 白华,韩文秀.复合系统及其协调的一般理论[J].运筹与管理,2000(03):1-7.

[120] 余莉萍.奥运会与可持续城市良性互动研究[D].北京体育大学,2018.

[121] 金宗强,张剑利,李宗浩.影响我国竞技体育战略选择的内外部因素分析[J].山东体育学院学报,2005(02):24-27.

[122] 贾宁,孙汉超.21世纪初期中国竞技体育发展目标与发展对策研究[J].武汉体育学院学报,2001(06):1-4.

[123] 桂慕文.人类社会协同论:对生态、经济、社会三个系统若干问题的研究[M].南昌:江西人民出版社,2001.

[124] 王淑滨,田也壮.高校价值创造的协同度模型的构建与应用[J].南京理工大学学报(自然科学版),2008,032(005):632-636.

[125] 何春奇,石陈华,徐浩领.中国政府危机管理模式创新研究——基于协同学视角[J].经营管理者,2008(17):13-14.

[126] 董火明,高隽,陈定国等.协同神经网络聚类型学习算法[J].合肥工业大学学报:自然科学版,2002,025(004):492-495.

[127] 丁建伟,邹国忠.从协同论角度论运动训练系统衔接发展的内涵[J].浙江体育科

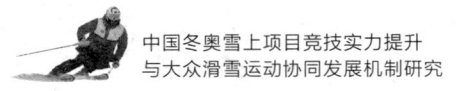

学,2010(05):55-57.

[128] 田麦久. 竞技参赛理论研究文集 [M]. 北京: 人民体育出版社,2010.

[129] 刘青. 运动训练管理教程 [M]. 北京: 人民体育出版社,2007.

[130] 马武云, 黄尚军, 龙以慧. 对我国体育发展现象、本质的再分析思考——论实施
全民健身计划对竞技体育运动发展的价值作用 [J]. 贵州体育科技,2000(01):30-30.

[131] 孙长武, 柴静, 武志鹏. 基于体育强国视角的全民健身与竞技体育协调发展研
究 [J]. 科学大众 (科学教育),2014,(08):145-146.

[132][英] 安德鲁·坎贝尔, 凯瑟琳·萨姆斯·卢克斯. 战略协同 (第二版)[M]. 任通海,
龙大伟, 译. 北京: 机械工业出版社,2000:55.

[133] 张立荣, 冷向明. 协同治理与我国公共危机管理模式创新——基于协同理论的视
角 [J]. 华中师范大学学报 (人文社会科学版),2008(02):11-19.

[134] 王诚民, 郭晗, 姜雨. 申办冬奥会对我国冰雪运动发展的影响 [J]. 体育文化导刊,
2014(11):53-56.

[135] 杜利军. 奥林匹克运动与现代科学技术 [J]. 中国体育科技,2001(03):5-8.

[136] 金宗强, 李宗浩, 叶加宝, 张欣, 王春香, 杨晓晨, 张运亮. "后奥运时代" 我国竞
技体育可持续发展的宏观对策研究 [J]. 天津体育学院学报,2008(01):53-56,63.

[137] 沈克印. 政府与体育社会组织协同治理的地方实践与推进策略——以常州市政
府购买公共体育服务为例 [J]. 武汉体育学院学报,2017,51(01):12-19.

[138] 孙寿亮. 物流业与金融业的协同发展机制研究 [D]. 北京交通大学,2008.

[139] 徐士韦, 谭小勇, 傅企明, 赵成. 建国以来我国群众体育与竞技体育关系演变研
究——兼论后奥运我国群众体育发展的必然 [J]. 南京体育学院学报 (社会科学版),
2009,23(03):35-41.

[140] 丁铭华. 基于自组织的企业集团资源协同管理研究 [D]. 同济大学,2008.

[141] 冉令华, 田雨普. 泛资源背景下的社会体育资源协同观 [J]. 上海体育学院学
报,2007(02):1-5.

[142] 李彬. 管理系统的协同机理及方法研究 [D]. 天津大学,2008.

[143] 王海龙, 戚飞虎. 基于聚类法的协同神经网络学习算法 [J]. 上海交通大学报,1998
(10):41-43.

[144] 罗超毅. 论体育强国建设背景下全民健身与竞技体育的和谐发展 [J]. 北京体育大
学学报,2013,36(02):1-4.

[145] 罗嘉. 我国金融监管协同机制研究 [D]. 湖南大学,2010.

[146] 袁守龙. 从 "举国体制" 到政府、市场和社会协同——对中国竞技体育发展的思
考 [J]. 体育科学,2018,38(07):12-14.

[147] 方媛. 论科学技术革命与现代奥林匹克运动的发展 [J]. 中国体育科技,2003(01):16-
18.

[148] 李淑芬, 常征. 中国雪上项目的发展困境与对策 [J]. 冰雪运动,2014,36(02):20-23,
27.

[149] 于军.建设体育强国进程中群众体育发展战略 [J].山东社会科学,2013(12):188-192.

[150] 陈融.建国以来认识和处理群众体育与竞技体育关系的历史启示——价值追求
与代价意识 [J].体育文史,1999(03):11-15.

[151] 华宝元.再论我国群众体育与竞技体育的关系——对习近平接见里约奥运代表团
上的讲话分析 [J].南京体育学院学报(社会科学版),2016,30(05):105-110.

[152] 乔峰.共生理论视角下竞技体育与大众体育协同发展研究 [J].南京体育学院学报
(社会科学版),2017,31(01):79-84.

[153] 朱佳滨,徐金庆,王锦国.论冰雪体育竞技人才培养模式的优化 [J].冰雪运动,2018,
40(02):28-32.

[154] 李粲.群众体育和竞技体育的协调发展对我国体育事业深远影响的研究 [J].南京
体育学院学报(自然科学版),2011,10(01):6-10.

[155] 董宏伟.均衡与非均衡:竞技体育与群众体育发展的理论模式与现实选择 [J].沈
阳体育学院学报,2011,30(02):8-11,44.

[156] 史明娜,孙亮亮.群众体育与竞技体育发展矛盾探析 [J].体育文化导刊,2008(09):
10-11.

[157] 邵凯,董传升.全民健身国家战略背景下竞技体育社会价值新论——试论竞技
体育的公共价值 [J].山东体育学院学报,2015,31(01):8-13.

[158] 邵桂华,满江虹.竞争与协同:协同学视野中的竞技体育发展动力分析 [J].首都
体育学院学报,2016,28(01):59-63.

[159] 齐飞.京津冀冬季体育旅游产业协同发展路径研究 [J].冰雪运动,2018,40(05):79-84.

[160] 张兴泉.中国滑雪运动发展与生态环境关系研究 [D].北京体育大学,2009.

[161] 吴迎.中日韩冬奥会竞技实力对比分析 [J].体育文化导刊,2016(12):90-94.

[162] 黄建华."一带一路"背景下我国群众体育与竞技体育的协调发展之路 [J].北京体
育大学学报,2019,42(02):46-54.

[163] 唐岳年,管情安,苏益华."后奥运时代"我国竞技体育与群众体育协调发展对策
研究 [J].内江科技,2009,30(04):142-143.

[164] 尹维增,张德利,陈有忠.体育强国梦构建背景下我国竞技体育发展方式转变研
究 [J].沈阳体育学院学报,2015,34(01):50-55.

[165] 张冬梅.索契冬奥会中国队竞技实力分析 [J].体育文化导刊,2014(08):100-103.

[166] 崔健,陶成,高俊,牛猛.我国冰雪竞技体育区域协调发展研究 [J].沈阳体育学院
学报,2010,29(04):51-54.

[167] 田麦久.论竞技参赛理论与运动训练理论分野与协同 [J].哈尔滨体育学院学报,
2015,33(05):1-7.

[168] 王子和.竞技体育与全民健身关系浅谈 [J].湖北体育科技,1998(03):12-15.

[169] 陈晴,但艳芳,宋广成.体育三大形态的认知隔膜与协同发展研究 [J].武汉体育
学院学报,2014,48(05):17-20,30.

[170] 邵桂华,满江虹,王晨曦.我国竞技体育与社会体育协同演化的系统动力学仿

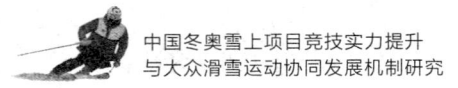
真——基于复合系统协同度模型的测度 [J]. 体育学刊 ,2018,25(05):46-57.

[171] 刘晓丽 , 邵小兵 . 和谐社会竞技体育与全民健身现状与走势研究 [J]. 淮北煤炭师范学院学报 (自然科学版),2008,29(04):65-68.

[172] 王永盛 . 浅析竞技体育的协同效应 [J]. 天津体育学院学报 ,1998(04):96-97.

[173] 张朋 , 阿英嘎 , 赵凤霞 . 体育强国背景下我国竞技体育与群众体育的协调发展研究 [J]. 体育科技 ,2015,36(06):28-30.

[174] 卞余琴 , 刘应 . 健康中国视域下群众体育与竞技体育协同发展研究 [J]. 体育文化导刊 ,2019(10):31-36,48.

[175] 邓万金 , 何天易 . 基于 GEM 模型的我国竞技体育核心竞争力提升机制研究 [J]. 体育与科学 ,2018,39(06):104-113.

[176] 张尚晏 , 邹循豪 . 竞技体育、群众体育和学校体育协调发展研究 [J]. 湖南科技学院学报 ,2007(12):94-96.

[177] 张宇 . 新时期高水平冰雪项目竞技体育运动员综合素养的培养 [J]. 冰雪运动 ,2012,34(02):56-59.

[178] 张泽君 , 张建华 , 张健 , 隋凤娟 , 李婷文 . 甘肃群众体育与竞技体育协调发展的影响因素与治理策略 [J]. 吉林体育学院学报 ,2019,35(05):15-21.

[179] 程晓多 .2022 北京冬奥会背景下黑龙江省冰雪体育产业协同发展战略研究 [J]. 经济研究导刊 ,2020(35):26-28.

[180] 杨俊 , 常洪霞 . 自组织训练法——协同学理论在运动训练中的应用 [J]. 哈尔滨体育学院学报 ,2005(01):83-85.

[181] 李丰荣 , 龚波 . 基于协同学视野：职业足球自组织体系与协同发展探究 [J]. 天津体育学院学报 ,2018,33(01):20-25.

[182] 蔡阳 . 邓小平论群众体育与竞技体育的关系——兼论国内邓小平体育思想研究现状 [J]. 军事体育进修学院学报 ,2007(03):1-3.

[183] 缪佳 . 让竞技体育推进全民健身运动 [J]. 体育科研 ,2010,31(04):22-25.

[184] 陈善凤 . 协同学视角下我国高水平运动队管理模式的研究——协同学思想对高水平运动队管理的启示 [J]. 泰山学院学报 ,2011,33(03):118-122.

[185] 刘荣花 , 王飞雄 . 基于群众体育与竞技体育协调发展的价值分析 [J]. 价值工程 ,2012,31(24):320-321.

[186] 阮孟胜 . 竞技体育与群众体育的协调发展分析 [J]. 当代体育科技 ,2017,7(12):179-180.

[187] 张强 , 周家金 . 广西群众体育与竞技体育品牌项目协同发展研究 [J]. 河北体育学院学报 ,2016,30(03):34-37.

[188] 张程 , 陶玉晶 . 我国冬奥会雪上项目的发展现状分析——以近四届冬奥会为例 [J]. 体育科技文献通报 ,2019,27(04):74-76,88.

[189] 陈玉萍 , 郭修金 . 我国竞技体育与群众体育和谐共生研究 [J]. 体育文化导刊 ,2019(09):20-25.